Inhalt

Zur Titelgraphik

Ende und Anfang im Mai 1945:
Eine bedrohliche, auf einen Gedanken reduzierte Epoche in Deutschland,
dargestellt durch stählerne Kastenkonstruktionen, findet ihr Ende.
Sie wird bildlich abgelöst von einem aufklarenden Himmel,
der neue, wenn auch noch im Verborgenen liegende Perspektiven verheißt.
Eine neue Zeit beginnt.

Kerstin Reese

Vorwort

In den letzten Tagen des Zweiten Weltkrieges rückte die abgelegene preußische Provinz Schleswig-Holstein in das Licht der Weltöffentlichkeit. In der Marineschule Mürwik bei Flensburg residierte die letzte Regierung des Dritten Reiches unter Großadmiral Karl Dönitz. In den relativ ruhigen Norden Deutschlands fluteten Militärs, Vertriebene und Flüchtlinge in großer Zahl; hier suchten aber auch Prominente der Nationalsozialistischen Deutschen Arbeiter-Partei (NSDAP) und anderer nationalsozialistischer Organisationen Unterschlupf.

Das Land Schleswig-Holstein und die Marineschule Mürwik haben in einer Landesausstellung und in einer ökumenischen Andacht je für sich an die Ereignisse zum Kriegsende erinnert.

In Zusammenarbeit mit dem Landesarchiv Schleswig-Holstein konnten renommierte Historiker gewonnen werden, die in einem wissenschaftlichen Symposium am 17. Mai 1995 in Mürwik die Geschehnisse und Entwicklungen zum ,,Ende und Anfang im Mai 1945" in einen übergreifenden geographischen und historischen Kontext einordneten.

Wir danken den Referenten, daß sie ihre Beiträge für diese Publikation zur Verfügung stellten und damit einer über den großen Teilnehmerkreis des Mürwiker Symposiums hinausgehenden interessierten Öffentlichkeit Gelegenheit geben, sich über neue Forschungsergebnisse zum 8. Mai als politischer Zäsur, zu Problemen militärischer Führungsschichten im Wandel und zur Lage im Ostseebereich am Ende des Zweiten Weltkriegs zu informieren.

Die Landesausstellung und das Mürwiker Symposium sind Bausteine zur Aufarbeitung der Geschichte des Nationalsozialismus in seiner schleswig-holsteinischen Ausprägung, seinen zeitgenössischen Phänomenen und seinen Kontinuitäten, Brüchen und Wandlungen in der Nachkriegszeit. Sie bieten neue Diskussionsansätze und regen damit zur Auseinandersetzung mit der NS-Zeit an.

Kiel und Schleswig, im Oktober 1995

Dr. Karl-Heinz Harbeck   Dr. Reimer Witt
Landeszentrale für   Landesarchiv
Politische Bildung   Schleswig-Holstein

2

Frank Ropers

Begrüßung des Kommandeurs der Marineschule Mürwik

Sehr herzlich möchte ich Sie heute abend in meiner Eigenschaft als Hausherr herzlich willkommen heißen und Sie zu diesem wissenschaftlichen Symposium zum Thema „Ende und Anfang im Mai 1945" in der Aula der Marineschule begrüßen. Ein besonderes Willkommen gilt dem Staatssekretär bei der Ministerin für Wissenschaft, Forschung und Kultur des Landes Schleswig-Holstein, Herrn Dr. Swatek, der gleich das Wort an Sie richten wird, dem Kreispräsidenten des Kreises Schleswig-Flensburg, Herrn Johannes Petersen, dem Rektor der Bildungswissenschaftlichen Hochschule – Universität Flensburg, Herrn Professor Dr. Hans Schulte, dem Stellvertreter des Befehlshabers der Flotte, Herrn Konteradmiral Hülsemann, dem Leiter des Landesarchivs Schleswig-Holstein, Herrn Dr. Reimer Witt, sowie natürlich den Referenten des heutigen Abends, Herrn Reichsarchivar Dr. Erik Norberg aus Stockholm, Herrn Professor Dr. Reimer Hansen aus Berlin und Herrn Dr. Georg Meyer vom Militärgeschichtlichen Forschungsamt in Potsdam.

In fast allen Ländern Europas wurde am 8. Mai des Tages gedacht, an dem der II. Weltkrieg auf unserem Kontinent zu Ende ging. Wir als Angehörige der Marineschule Mürwik haben insofern eine besondere Nähe zu diesem Ereignis, als die letzte Reichsregierung hier in Flensburg-Mürwik, in der Sportschule auf dem Gelände der Marineschule, ihren Sitz hatte und von hier aus die Weisung zur Unterzeichnung der Kapitulationsurkunde gegeben wurde.

Dieser Tag war an der Marineschule Mürwik vor allem ein Tag des Gedenkens der Millionen von Menschen, die durch diesen Krieg gelitten haben und derer, die infolge dieses Krieges oder der Kriegsfolgen ihr Leben verlieren mußten; wir haben ihrer in Ansprache und Gebet in einer ökumenischen Andacht gedacht.

Dabei waren wir uns klar darüber, daß wir nicht stehenbleiben dürfen bei der Erinnerung und dem Gedenken, sondern erkennen müssen, daß dieser Tag genauso auch eine ernste Mahnung an uns ist, – eine Mahnung, hinzuschauen und nicht wegzuschauen, zu hören, zu verstehen und zu lernen. Nur so kann aus Kenntnis Wissen erwachsen und daraus wiederum sich ein wachsames Gewissen entwickeln.

Deshalb ist es gerade für die jüngere Generation von Bedeutung, – ja sogar notwendig –, sich intensiv mit den Ereignissen auseinanderzusetzen, die 50 Jahre und mehr zurückliegen und die sie selbst gar nicht miterlebt haben. Wir, die Angehörigen der jüngeren Generation, müssen um unsere eigene Geschichte wissen, nicht weil wir persönliche Verantwortung tragen für das, was in der Vergangenheit geschah, sondern weil wir persönlich verantwortlich dafür sind, was aus der Geschichte in Zukunft wird.

Wir haben heute das Vertrauen in die Möglichkeit einer modernen, menschlichen und friedlichen Ordnung, letztlich für die gesamte Welt, doch das ist weder selbstverständlich, noch unveränderbar, noch überall gleichermaßen vorhanden in der Welt und in Europa. Wir haben dieses Vertrauen, obwohl wir jeden Tag mit ansehen müssen, daß in Europa schon wieder Grenzen gewaltsam verändert, Menschen getötet oder vertrieben werden, weil sie anderer Rasse, Herkunft oder Religion sind.

Dazu darf man nicht schweigen, man darf die Verletzung von Menschenrechten nicht zulassen, indem man es als innere Angelegenheit anderer abtut. Wenn es eine Lehre aus unserer eigenen Geschichte gibt, dann die, daß wir uns nicht verweigern dürfen, wenn Solidarität für Recht und Frieden gefordert ist, gerade wir Deutschen nicht. Nur wenn wir uns selbst einbringen, uns engagieren, uns mitverantwortlich fühlen und nicht wegschauen, können wir aus bloßem Wunschdenken ein uns verpflichtendes Anliegen werden lassen und uns das Vertrauen auf eine bessere Welt erhalten.

Warum dann gerade in dieser Zeit einige die Initiative ergreifen, Deserteuren ein Denkmal setzen zu wollen, also denen, die sich entsolidarisieren ohne sich entschließen zu können, zu widerstehen und für ihre Haltung einzutreten, das bleibt mir unerfindlich. Wenn ,,Weglaufen'' zur Tugend wird, dann darf man sich nicht wundern, daß sich Solidarität in Verdrossenheit verwandelt.

Nun aber zurück zu unserem wissenschaftlichen Symposium, das überschrieben ist ,,Ende und Anfang im Mai 1945'', und dem Anliegen dieses heutigen Abends, nämlich der geistigen Auseinandersetzung mit den Ereignissen, die sich in diesen Tagen vor 50 Jahren ganz in unserer Nähe zugetragen haben.

Hier in Flensburg-Mürwik, am Sitz der letzten Reichsregierung, bündelten sich im Mai 1945 situationsbedingt Entscheidungen und Ereignisse. In einem gemeinsamen wissenschaftlichen Symposium wollen die Marineschule Mürwik als Stätte des Geschehens und das Landesarchiv Schleswig-Holstein als Stätte der Forschung zur Erörterung und Klärung zeitgeschichtlicher Probleme beitragen.

Die drei Referenten des heutigen Abends werden das Thema ,,Ende und Anfang im Mai 1945'' aus je unterschiedlichem Blickwinkel behandeln, und sie werden in der anschließenden Diskussion Ihnen natürlich die Gelegenheit geben, klärende Fragen zu stellen oder einzelne Aspekte im Gespräch zu vertiefen.

Ganz kurz möchte ich Ihnen die Referenten und ihren jeweiligen Blickwinkel vorstellen:

Zur Kapitulation als politischer Zäsur am Ende des Dritten Reiches wird Professor Dr. Reimer Hansen vortragen. Professor Hansen wurde im Jahr 1937 in Heide geboren; er hat Geschichte und Germanistik an der Universität Kiel studiert und wurde im Jahr 1970 ordentlicher Professor für Geschichte an der PH Berlin; seit 1980 lehrt er Neuere Geschichte an der Feien Universität Berlin; dort war er in den Jahren 1986/87 Dekan des Fachbereiches Geschichte.

Professor Hansen wird neue Erkenntnisse zur Entstehung und Auswirkung der Friedensbedingungen, zu staats- und verfassungsrechtlichen Fragen und zu den Strukturen vor dem demokratischen Neubeginn unserer deutschen Geschichte vorstellen.

Über militärische Führungsschichten im Wandel wird der wissenschaftliche Direktor am Militärgeschichtlichen Forschungsamt in Potsdam, Herr Dr. Georg Meyer, referieren. Dr. Meyer wurde im Jahr 1937 in Halberstadt geboren. Im Anschluß an das Abitur studierte er Geschichte an der Universität Halle-Wittenberg. Nach dem Verlassen der damaligen DDR setzte er die Studien in den Fächern Geschichte, Kunstgeschichte sowie Vor- und Frühgeschichte an der Universität Göttingen fort. Er war tätig in der Lexikon-Redaktion des F.A. Brockhaus Verlages und wechselte im Jahr 1968 zum Militärgeschichtlichen Forschungsamt nach Freiburg.

Er wird seine aktuellen Forschungsergebnisse zu den militärischen Führungsschichten im Wandel vortragen und der Frage nachgehen, ob und welche Traditionen noch in die neue Bundesrepublik Deutschland hineinwirkten oder auf demokratischer Grundlage neu gestaltet wurden.

Schließlich soll der Blick über den deutschen Standpunkt hinaus geweitet werden durch den Vortrag des schwedischen Reichsarchivars, Herrn Dr. Erik Norberg. Dr. Norberg wurde im Jahr 1942 in Stockholm geboren, und er hat an der Stockholmer Universität die Fächer Geschichte, Wirtschaftsgeschichte und Staatswissenschaften studiert. Seit 1991 ist er Chef des schwedischen Reichsarchivs; gleichzeitig ist er Mitglied des Exekutivkomitees des Internationalen Archivrates.

Während aus deutscher Sicht die Ostsee Schauplatz einer in der Geschichte beispiellosen Rettungsoperation für die Flüchtlinge aus dem Osten war, bedeutete das Kriegsende insbesondere für die Staaten der Ostseeanrainer Befreiung von deutscher Militärmacht und auch politischer Verfolgung. Dr. Norberg wird in seinem Vortrag die Geschehnisse im ganzen Ostseeraum würdigen.

Mit diesem Symposium bietet die Marineschule Mürwik in geistiger Auseinandersetzung eine Begegnungsstätte von Militär und Zivilbevölkerung. Hier finden sich aus historischem Anlaß und auf geschichtlichem Boden Vertreter der Bundesrepublik Deutschland, des Landes Schleswig-Holstein und des befreundeten Auslands zusammen, um in Anknüpfung an die vor einer Woche eröffnete Ausstellung ,,Ende und Anfang im Mai 1945" gemeinsam mit einer breiten Öffentlichkeit zur Aufarbeitung zeitgeschichtlicher Fragen und Probleme beizutragen.

Dieter Swatek

Grußwort

Dieses wissenschaftliche Symposium will hier – an überaus historischer Stelle, dem Standort der letzten Regierung des Nazi-Regimes vom 2. bis zum 23. Mai 1945 – aus heutiger Sicht bilanzieren, diskutieren, vermutlich auch streitig erörtern, was im Mai 1945 zu Ende gegangen ist bzw. begonnen hat.

Ich möchte den Veranstaltern ausdrücklich den Dank der Landesregierung aussprechen, daß gerade sie es übernommen haben, sich an diesem Ort, zu diesem Zeitpunkt, diesem Thema auszusetzen. Dies ist möglicherweise nicht ohne Risiko, weil häufig genug eben nicht Fakten, sondern Emotionen das Denken bestimmen und persönliche Erfahrungen und Sichtweisen den Blick auf das tatsächliche historische Geschehen verstellen.

Mit Sicherheit ist diese Veranstaltung aber auch eine Chance nach 5o Jahren nüchtern und endlich auch – vorsichtig formuliert – unliebsame Fakten zur Kenntnis zu nehmen, sie zu bewerten, Bilanz zu ziehen und für die Zukunft Konsequenzen zu entwickeln.

Der 8. Mai 1995 löst natürlich auch Gefühle, subjektive Wertungen, persönliche Einschätzungen aus, ohne sie wäre das Bild weder objektiv noch vollständig.

Der in Schleswig-Holstein lebende Schriftsteller **Günter Kunert** hat es so formuliert:

„Dieser Tag war für mich ein Tag der Befreiung, des Überlebthabens, eines ersehnten Neubeginns. Eine wesentlichere Zäsur in meinem Leben kann ich mir nicht vorstellen: Ich wurde aus einem halben Untermenschen ein ganzer Mensch – das bleibt unvergessen. (Die Welt 11.04.1995)"

Aber Vorsicht: Was für den Schriftsteller Günter Kunert zutreffen mag, zutreffen wird, gilt mit Sicherheit nicht für alle Deutschen.

Jan Philipp Reemtsma hat in seiner Rede zur Gedenkveranstaltung der Landesregierung am 8. Mai zu Recht darauf hingewiesen:

„Es sind nun einmal nicht drei, dann vier Armeen aufgeboten worden, um die Deutschen von den Nazis, sondern um Europa von der Besetzung durch das nationalsozialistische Deutschland zu befreien. Von Befreiung spricht man am 7. und 8. Mai zu Recht in London, Paris, Kopenhagen, Den Haag, Brüssel, Oslo, Washington, Moskau, Kiew, Minsk, Belgrad, Athen, Tirana, Prag und vielen anderen Städten, doch nicht – wie auch immer die Gefühle beschaffen sein mögen und der Wunsch auszudrücken, daß man sich den Siegern des Krieges in Europa näher fühle als den glücklicherweise Besiegten – mit demselben Recht in Berlin, nicht in Bonn, auch nicht in Wien, und nicht in Flensburg. Von Befreiung konnten diejenigen sprechen, die am 27. Januar in Auschwitz, Birkenau und Monowitz, am 11. April in Buchenwald, am 15. April in Bergen-Belsen, am 28. April in Dachau, am 5. Mai in Mauthausen befreit wurden durch sowjetische, amerikanische, englische, französische Soldaten – von deutscher und österreichischer Bewachung. Auch diejenigen Deutschen, die nicht bis zur bedingungslosen Kapitulation für irgendeinen Sieg oder das Hinausschieben der Niederlage kämpften, oder diejenigen, die durch den Willen zum Machterhalt, der sich stärker erwies als der Überlebenswille und so in den letzten Kriegsmonaten eine ungeheure Destruktionsenergie nach außen wie nach innen entfesselte, großes Leid und große Verluste erlitten – sie wurden nicht in dem Sinne befreit, den die Insassen der Lager oder die Bewohner der Länder, die von deutschen Truppen besetzt waren, der Wortfolge „wir sind befreit worden" beilegen können. Auch haben wenige Deutsche den 8. Mai 1945 als Befreiungstag erlebt. Tanzte man denn auf den Straßen?"

Und ein weiteres: Die Rede von der Befreiung verführt sehr schnell dazu, über die Vorgeschichte, dieser Befreiung hinwegzureden.

Und diese Vorgeschichte beginnt in Schleswig-Holstein früher als anderswo:

Schon 1932 war der nördlichste Teil Deutschlands Muster-Gau der NSDAP. Jeder zweite Wähler entschied sich bei der Wahl im Juli 1932 für die NSDAP, 51 Prozent, mehr als irgendwo sonst in Deutschland.

In einigen Regionen kamen die Nazis auf 70 Prozent. Einen ganz erheblichen Teil der späteren Verwaltungen, etwa das „Reichskommissariat Ostland", rekrutierten die Nazis dann auch in Schleswig-Holstein.

Und was sich dann am 30. Januar 1933 schrecklich fortsetzte, das geschah nicht etwa im Namen der Deutschen. Es waren die Deutschen selbst. Der Jubel der Mehrheit bei der Machtergreifung der Nationalsozialisten war nicht zu überhören, die Fackelzüge in Städten und Dörfern waren nicht zu übersehen.

Es ist offenkundig, ohne den 30. Januar 1933, den 1. September 1939 kann der 8. Mai 1945 nicht gedacht und bewertet werden.

Machtergreifung, totalitäre Herrschaft, völkischer Wahn, politische und rassistische Verfolgung, Kriegsvorbereitung, Kriegsauslösung und systematischer Völkermord waren Stationen dieses Weges in die Katastrophe.

Der 8. Mai wird somit auch zum Gedenktag an alle Opfer der nationalsozialistischen Vernichtungspolitik:

Weltweit 16 Mio gefallene Soldaten, davon 4,2 Mio Deutsche. Es gab 25 Mio Ziviltote, über 7 Mio Menschen wurden während der nationalsozialistischen Diktatur ermordet, davon allein 5 bis 6 Mio Juden. Diese Bilanz läßt sich fortführen um die vielen Menschen, die in Europa vermißt bleiben, um die vielen Menschen, die in jeweiligen Gefangenschaften umgekommen sind.

Über 50 Millionen Menschen verloren ihren angestammten Lebenskreis.

Nicht erst nach dem Kriegsende, sondern schon bald nach '33 setzte die Vertreibung von Menschen ein.

Mit Kriegsbeginn erfolgte die größte Umsiedlungs-, Emigrations- und Vertreibungs-welle der Geschichte. Allein 1,2 Millionen Polen mußten ihre Heimat verlassen und ins sogenannte Generalgouvernment übersiedeln. Es sind Millionen Menschen – Juden, Sinti und Roma, Kriegsgefangene, andere Gruppen, Deutsche wie Bürgerinnen und Bürger der überfallenen und eroberten Nachbarländer – aus ihrem angestammten Lebenskreis vertrieben worden, hinein in die Ghettos und Lager, hinein in die Vernich-tung durch Arbeit oder Krieg. Oft hinein in den sofortigen Tod.

Wer immer noch auf sein angebliches Recht auf (alte) Heimat pocht oder gar auf die Wiederherstellung der alten Grenzen, vergeht sich auch am Leid und am Tod all dieser Menschen und fügt altem Unrecht weiteres hinzu.

Und wer meint, öffentlich in großflächigen Anzeigen einseitig und ohne ein Wort zu den Ursachen ausschließlich sein eigenes Vertreibungsschicksal beklagen zu müssen, es sogar bei anderer Gelegenheit mit dem Holocaust gleichstellt, darf sich nicht wundern, wenn er nicht mehr ernst genommen und im politischen Leben zu Recht isoliert wird.

Das Verbrechen der Vertreibung, das von Nazi-Deutschland seinen Ausgang nahm und sich nach dem Krieg fortsetzte, ist nicht rückgängig zu machen.

Wollte man dies auch nur im Ansatz fordern, geriete unsere Welt aus den Fugen.

Jeder Versuch zur Restitution deutschen Eigentums würde bestehende Republiken auslöschen. Das können und dürfen wir nicht wollen! Wir können das offenbar immer noch vorhandene revanchistische Denken nicht dulden, wir müssen es überwinden.

Schleswig-Holstein war in besonderer Weise von den Ereignissen des Frühjahrs 1945 betroffen: drei Wochen lang Sitz der letzten Regierung Nazideutschlands.

Am 30. April 1945, als nur noch der Nordwesten Deutschlands unbesetzt war, übernahm der Oberbefehlshaber der Kriegsmarine, Karl Dönitz, die Nachfolge Hitlers.

Er war zwar entschlossen, den Krieg so schnell wie möglich zu beenden, wollte jedoch noch möglichst vielen die Flucht nach Westen ermöglichen. Sein Ziel war es, daß möglichst viele deutsche Soldaten sich in den Gewahrsam der Westmächte begeben konnten.

Aber auch bei dieser Zielsetzung, für die es auch heute noch viel Verständnis gibt, frage ich, worin lag sie begründet? War es nur die Furcht vor dem selbstgemalten Bild des russischen Untermenschen oder war es auch die durchaus berechtigte Furcht vor der Rache der Rotarmee für die von den Deutschen begangenen Untaten und Verbrechen in der Sowjetunion? Man darf das eine sicher nicht ohne das andere sehen.

Dönitz zog sich, als die britischen Truppen Schleswig-Holstein erreichten, am 2. Mai 1945 in den letzten unbesetzten Winkel des Reiches: nach Flensburg-Mürwik zurück. Er bildete nach der Teilkapitulation eine zivile Reichsregierung, die am 23. Mai 1945 von den Alliierten abgelöst wurde.

2,5 Millionen Menschen hielten sich im Mai 1945 in Schleswig-Holstein auf, eine Million mehr als bei Kriegsbeginn. Die Städte waren zerbombt, die Vorratskammern leer. Überfüllt waren die Sammelunterkünfte mit Zwangsarbeitern, voll die Gefangenenlager mit Soldaten.

Und: Schleswig-Holstein wurde Zufluchtsort auch für führende Nazis aus der Wehrmachtsjustiz, aus Volksgerichtshof und KZ-Inspektionen.

Viele von ihnen konnten sich in der Nachkriegsgesellschaft etablieren, wurden nie zur Rechenschaft gezogen.

Die Bevorzugung Schleswig-Holsteins als Rückzuggebiet der „Spitzen" und Schergen des Dritten Reiches bedeutet für unser Land eine große Belastung.

Wir müssen uns diesem „Erbe" stellen und dürfen nicht die Augen davor verschließen. Schleswig-Holstein muß das Aufarbeiten der NS-Zeit, insbesondere auch der Nachkriegsjahre, mit allen Kräften weiterführen.

Die Gründung des Institus für Zeitgeschichte an der Bildungswissenschaftlichen Hochschule durch die Landesregierung war der erste wichtige Schritt zur dringend erforderlichen wissenschaftlichen Aufarbeitung .

Mit der Wanderausstellung zur Geschichte des Nationalsozialismus in Schleswig-Holstein und seiner Folgen aus Anlaß des 50. Jahrestages des Kriegsendes will die Landesregierung das breite Publikum erreichen. Sie richtet sich an alle Bürgerinnen und Bürger im Lande, besonders aber an unsere jungen Leute. Ihnen den Blick zu vermitteln und zu erhalten für die Ursachen und Folgen von Intoleranz, Rassismus und Diktatur ist die zentrale Funktion der Ausstellung, die bis zum 15. März 1997 in 14 Orten des Landes und in Apenrade zu sehen sein wird.

Die jungen Menschen sind aufgefordert, den von ihren Großeltern und Eltern eingeschlagenen Weg in die Demokratie und in ein neues Europa konsequent weiterzugehen und dazu beizutragen, daß es nie wieder Diktatur und Krieg geben wird.

Der zeit- und zielgerechte verbrecherische Anschlag auf die Synagoge in Lübeck hat es deutlich werden lassen, – wie die Landtagspräsidentin es formulierte – es gibt sie noch, und es gibt sie wieder, die Antisemiten, die Rassisten, die Brandstifter – im Geiste und in der Tat. Es gibt sie noch und es gibt sie wieder, die Aufrechner, Verharmloser, Verdränger.

Geben wir Ihnen keine Chance, setzen wir uns kritisch aber vorurteilsfrei mit den Fakten auseinander und ziehen daraus die richtige Lehre. Sie werden im Rahmen des Symposions dazu sicher mehr hören können.

Reimer Hansen

Der 8. Mai 1945 als politische Zäsur

Bei der Einteilung, Ordnung und Gliederung der Geschichte im großen wie im kleinen bedienen wir uns gern bestimmter Daten, denen wir für die Ein- oder Abschnitte, die sie markieren, eine kennzeichnende Bedeutung beimessen. Sie sind den Gegenständen unseres historischen Interesses entnommen, erhalten ihre Bedeutung jedoch durch unser Verständnis. Das gilt für die monographische Disposition nicht minder wie für die universalgeschichtliche Periodisierung. Als faktische Daten sind sie Bestandteil der historischen Vergangenheit, die sie bezeichnen, als ordnende und deutende Markierungen entstammen sie unserer oder sofern sie selbst bereits historisch sind – ihrer historiographischen Gegenwart. Ein besonderes Datum erhält somit eine allgemeine und zugleich typische Bedeutung für einen historischen Entwicklungs- oder Sachzusammenhang, der weit über den Aktions- und Wirkungsradius des konkreten singulären Ereignisses hinausreicht.

Das gilt insonderheit für die Zäsuren der historischen Periodisierung, die nicht selten durch konkurrierende Epochenjahre oder -daten bezeichnet werden, in denen Nuancen, Differenzen oder auch Gegensätze der historischen Deutung, Beurteilung, Einordnung oder Erklärung zum Ausdruck kommen. Und das gilt insbesondere für das Epochenjahr 1945, das ähnlich wie die älteren Epochenjahre unserer Neueren Geschichte 1517 und 1789 geradezu auf ein Epochendatum, auf den 8. Mai 1945, konzentriert worden ist. ,,Viele Völker", begann Bundespräsident Richard von Weizsäcker seine vielbeachtete Ansprache zum 40. Jahrestag am 8. Mai 1985 im Plenarsaal des Deutschen Bundestages, ,,gedenken heute des Tages, an dem der Zweite Weltkrieg in Europa zu Ende ging. Seinem Schicksal gemäß hat jedes Volk dabei seine eigenen Gefühle. Sieg oder Niederlage, Befreiung von Unrecht und Fremdherrschaft oder Übergang zu neuer Abhängigkeit, Teilung, neue Bündnisse, gewaltige Machtverschiebungen – der 8. Mai 1945 ist ein Datum von entscheidender historischer Bedeutung in Europa." Er umschrieb ihn als das historische Datum ,,der Beendigung des Krieges in Europa und der nationalsozialistischen Gewaltherrschaft."[1]

I.

In der Tat, vor einem Jahrzehnt hatte der 8. Mai 1945 im öffentlichen Geschichtsbewußtsein weithin die Bedeutung einer tiefgreifenden Zäsur angenommen, mit der die andauernde Nachkriegszeit eingesetzt hatte. Heute gehören aufgrund erneuter gewaltiger Machtverschiebungen in den Jahren 1989/90 die von Richard von Weizsäcker mit dem 8. Mai 1945 verknüpften aktuellen Bedeutungen neuer Abhängigkeit und Teilung selbst bereits der Geschichte an. Die Historiker Rolf-Dieter Müller und Gerd R. Ueberschär haben diesen Vorgang kürzlich als neue, der Epochengrenze des Jahres 1945 vergleichbare Zeitenwende gedeutet, die das Ende der Nachkriegszeit markiere. ,,Beide Kulminations- und Wendepunkte", führen sie aus, ,,das Ende des Zweiten Weltkrieges im Jahre 1945 und das Ende des 'Kalten Krieges' 1989/90, stehen in engem Zusammenhang; sie fixieren die Grenzen einer Epoche, die als 'Nachkriegszeit' stets die Verbindung zum Zweiten Weltkrieg herstellte und erkennen ließ, daß die Folgen dieses Krieges noch lange nicht überwunden waren."[2]

Am 8. Mai 1945 ging mit der bedingungslosen Kapitulation des Oberkommandos der deutschen Wehrmacht vor den Streitkräften der alliierten Siegermächte der Zweite Weltkrieg auf dem europäischen Kriegsschauplatz zu Ende. Als ein Vierteljahr später auch Japan auf dem ostasiatischen Kriegsschauplatz bedingungslos die Waffen strecken mußte, hatte nach fast sechsjährigem Kampf ein weltweiter Krieg sein Ende gefunden, in den 68 Nationen aus allen fünf Erdteilen hineingezogen worden waren. Diesen Krieg hatte das nationalsozialistische Deutsche Reich in Europa in der Absicht entfesselt, um – wie es in der stereotypen Formulierung seines totalitären Diktators, Hitler, heißt – „Lebensraum im Osten" und damit Deutschland den Status einer Weltmacht, ja am Ende die Weltherrschaft zu erobern. Er war von Anbeginn als Eroberungs- und Vernichtungskrieg geplant und geführt worden und hatte mit Grausamkeit, Gewaltherrschaft, Massenverbrechen und Genozid unermeßliches Leid, Zerstörung und Tod über die Bevölkerung der angegriffenen und unterjochten Länder, namentlich über Polen und die Sowjetunion, gebracht.

Die Kampfhandlungen, die Bombenangriffe und der Völkermord hatten mehr als 55 Millionen Menschenleben gefordert, weit mehr noch schwer versehrt oder ins Unglück gestürzt. Sie hatten überdies unabsehbare Sachzerstörungen angerichtet. Die Sowjetunion hatte 20 Millionen, Polen 6 Millionen Tote zu beklagen. 5 bis 6 Millionen Juden waren von den Einsatzgruppen, in den Gettos, in den Massenvernichtungs- und Konzentrationslagern des Dritten Reiches ermordet worden. Von der deutschen Bevölkerung hatte der Zweite Weltkrieg über 7 Millionen Tote gefordert, darunter 4,2 Millionen Soldaten; fast 12 Millionen Deutsche gerieten in Kriegsgefangenschaft, und mehr als 11 Millionen wurden aus ihrer ostdeutschen Heimat vertrieben. Über 13 Millionen waren ausgebombt worden und hatten auf dem Lande Zuflucht suchen müssen. Die Schutt- und Trümmermassen, die der Krieg in Deutschland zurückgelassen hatte, werden auf 400 Millionen Kubikmeter geschätzt, die total zerstörten Wohnungen auf 2 1/4 Millionen und die teilweise zerstörten auf 2 1/2 Millionen. Das Deutsche Reich verschwand von der politischen Weltkarte. Die Deutschen erlebten den absoluten Tiefpunkt ihrer neueren Geschichte, der sich ihrem Gedächtnis unter dem Schlagwort vom „totalen deutschen Zusammenbruch" eingeprägt hat.[3] Der greise Friedrich Meinecke, Nestor der deutschen Geschichtswissenschaft und Gründungsrektor der Freien Universität Berlin, prägte mit seiner gleichnamigen Bekenntnisschrift das Wort von der „deutschen Katastrophe".[4]

In der veränderten Periodisierung der deutschen und europäischen Zeitgeschichte durch Müller und Ueberschär hat das Jahr 1945 nach wie vor die Bedeutung einer tief einschneidenden Epochengrenze behalten, ist aber durch die Parallelisierung mit der Zäsur 1989/90 gleichsam mediatisiert, relativiert und historisiert worden.[5] Klaus Tenfelde hat sie dagegen nach den umstürzenden Veränderungen in Mittel- und Osteuropa 1989/90 in einer grundlegenden Neubewertung der historischen Periodisierung des 20. Jahrhunderts – wie er schreibt – aus der „Vogelperspektive" als letztlich peripheren Einschnitt beurteilt und den umfassenden ungleichzeitigen Modernisierungsprozessen seit Ausbruch des Ersten Weltkrieges subsumiert. Seine Deutung umreißt eine einheitliche Epoche, die sich zwischen 1914 und 1990, mithin über ein Dreivierteljahrhundert erstreckt.[6] Tenfeldes Neubewertung ist freilich nicht der erste Einwand gegen die Beurteilung des Jahres 1945 als tiefgreifender Zäsur. Hier sei zunächst die Deutung der deutschen Nachkriegsgeschichte als Restauration der Zwischenkriegsgesellschaft und des kapitalistischen Systems hervorgehoben. Sie wurde vor allem in der öffentlichen Diskussion als politischer Vorwurf gegen die Entwicklung der westlichen Besatzungszonen und der Bundesrepublik Deutschland erhoben und in der Geschichtswissenschaft von marxistischer, namentlich sowjetmarxistischer Seite vehement geltend gemacht.

In dem in der DDR maßgeblichen *Lehrbuch der deutschen Geschichte* wird über den 8. Mai 1945 hinaus „eine direkte Linie" zum „Programm der Restaurierung des deutschen Imperialismus und Militarismus in den westlichen Besatzungszonen" gezogen,[7] während die Entwicklung in der sowjetischen Besatzungszone als „antifaschistisch-demokratische Umwälzung" unter der Hegemonie der Arbeiterklasse bezeichnet wird. Hier sei „der 8. Mai 1945 zum Ausgangspunkt einer echten Wende in der Geschichte des deutschen Volkes" geworden.[8] Und in der verbreiteten, von einem marxistisch orientierten Autorenkollektiv wissenschaftlicher Assistenten und Tutoren am Fachbereich Gesellschaftswissenschaften der Universität Gießen verfaßten Schrift „Determinanten der westdeutschen Restauration 1945-1949" aus dem Jahre 1972 wird die unmittelbare Nachkriegsgeschichte in den westlichen Besatzungszonen als „Restitution einer kapitalistischen Gesellschaftsordnung"[9] oder „Restauration eines spätkapitalistischen Systems" beschrieben, das dem von Weimar „gar nicht so unähnlich" gewesen sei.[10]

Andererseits wurde in der öffentlichen Diskussion *vice versa* auch der politische Vorwurf totalitärer Kontinuitäten in der sowjetischen Besatzungszone und der ihr nachfolgenden DDR erhoben. Ihnen entsprach in der zeitgeschichtlichen wie in der politologischen Forschung die Darstellung und Erklärung der Parteidiktatur der SED im Lichte der Totalitarismustheorie. Es ist hier nicht möglich, im Rahmen des gestellten Themas aber auch nicht nötig, diesen Einwänden des näheren nachzugehen. Hier möge der Hinweis auf die begrenzte Erklärungskraft beider Deutungen, ihre außerwissenschaftlichen, politischen Implikationen und die von ihnen außer Acht gelassenen oder vernachlässigten Unterschiede, Diskontinuitäten und Neuansätze unter westalliierter wie sowjetischer Besatzung genügen.

Im Zusammenhang unseres Themas sei indes noch auf die von Martin Broszat im Münchener *Institut für Zeitgeschichte* initiierte umfassende Erforschung der deutschen Gesellschaft in den letzten Kriegs- und ersten Nachkriegsjahren hingewiesen, die den „Umbruch von 1945", statt ihn in dem Epochendatum des 8. Mai zu verdichten, in den zusammenhängenden Abschnitt einer „Umbruchs- und Notzeit" zwischen der vernichtenden Niederlage der 6. Armee der deutschen Wehrmacht in der Schlacht von Stalingrad und der Währungsreform in den westlichen Besatzungszonen gleichsam aufgehen läßt, einordnet und damit seine Stellung zwischen der beschleunigten Auflösung tradierter und der ansatzweisen Herausbildung neuer Strukturen, Normen und Mentalitäten historisch triftiger verdeutlichen kann, als es ein repräsentativer oder symbolischer Schnitt durch das Epochendatum vermöchte.[11]

Klaus-Dietmar Henke hat die Tragfähigkeit dieses Konzepts einer umfassenden Gesamtgeschichte des Umbruchs inzwischen in einer eingehenden Monographie über die amerikanische Besetzung Deutschlands von September 1944 bis August 1945 überzeugend erwiesen. Er konzentriert den Blick auf den historischen Prozeß des Umbruchs mithin auf ein Jahr, das die letzten Kriegs- und ersten Nachkriegsmonate umfaßt und daher auch triftig von ihm als „Kernzone jener durch die Symboldaten Stalingrad und Währungsreform markierten Katastrophen- und Transformationsphase" umschrieben wird.[12] Er bezeichnet es in dieser Bedeutung zudem als „Epochenjahr der Geschichte", als „Schlüsseljahr" oder als „Gelenkstelle zweier Zeitalter",[13] so daß der 8. Mai 1945 schließlich wiederum ausdrücklich als „ein Wendepunkt deutscher Geschichte" erscheint.[14]

II.

Anders als bei Tenfeldes Überblick aus der Vogelperspektive auf fast ein ganzes Jahrhundert, verliert der 8. Mai 1945 hier – selbst in der umfassenden Darstellung der Alltags- und Erfahrungsgeschichte eines einzigen Jahres – nicht seine Bedeutung als Epochenmarke. Er gewinnt sie überdies auch aus der Vogelperspektive vor allem als politische Zäsur der Beendigung des Zweiten Weltkrieges und der nationalsozialistischen Gewalt- und Schreckensherrschaft zurück. Damit hätten wir das engere und eigentliche Thema des Vortrags wieder eingeholt. Um die skizzierten Beurteilungen und Einordnungen, vor allem aber die Bedeutung des 8. Mai 1945 als politischer Zäsur hinreichend und angemessen beurteilen zu können, gilt es zuvor, seine Geschichte und damit den unmittelbaren geschichtlichen Zusammenhang der bedingungslosen Kapitulation Deutschlands in ihren wesentlichen Gesichtspunkten knapp zu skizzieren.[15]

Genau genommen, trat an diesem Tage 23.01 Uhr Mitteleuropäischer Zeit die bedingungslose Kapitulation der deutschen Wehrmacht vor den alliierten Streitkräften an den Fronten und in den besetzten Gebieten in Kraft. Damit war das Kriegsziel der alliierten Siegermächte, die in der *Atlantic-Charta* bereits implizit angelegte, erstmals jedoch am 24. Januar 1943 vom amerikanischen Präsidenten Roosevelt mit Zustimmung des britischen Premierministers Churchill explizit erhobene *Unconditional-Surrender*-Forderung, die Forderung nach der bedingungslosen militärischen und staatlich-politischen Totalkapitulation des Kriegsgegners, freilich erst zu einem Teil erreicht.

Den Westmächten galt die bedingungslose Kapitulation als das angemessene Mittel, die nationalsozialistische Staatsgewalt völlig zu beseitigen. Sie lehnten es prinzipiell ab, mit dem inkriminierten Kriegsgegner zu verhandeln und sich in irgendeiner Form an ihm zugesicherte oder von ihm gestellte Bedingungen zu binden. Sie wollten sich – anders als im Ersten Weltkrieg, als sie sich auf Wilsons 14-Punkte-Programm festgelegt hatten – uneingeschränkte Handlungsfreiheit sichern. Die deutsche Staats- und Wehrmachtführung sollte lediglich – um die Übergabe der deutschen Wehrmacht und der deutschen Staatsgewalt an die Alliierten völkerrechtlich zu sanktionieren – eine von den Alliierten ausgearbeitete Urkunde über die bedingungslose militärische und staatlich-politische Kapitulation Deutschlands unterzeichnen. Die Forderung einer staatlich-politischen Kapitulation stellte juristisch ein Novum dar, denn nach herkömmlichem Völkerrecht galten und gelten Kapitulationen – im Unterschied zu Waffenstillstandsverträgen – als ausschließlich militärische Übergabeabmachungen, die zwischen den bewaffneten Streitkräften kriegführender Parteien getroffen werden.

Die Casablanca-Politik der Westmächte hatte also einen völlig neuen, in der Theorie und Praxis des herkömmlichen Völkerrechts unbekannten Begriff der Kapitulation hervorgebracht: die bedingungslose staatlich-politische und militärische Totalkapitulation. Die Urkunde über die bedingungslose Kapitulation Deutschlands sollte ihn dann neben dem herkömmlichen in das Völkerrecht einführen. Der dritte im Bunde der Staatschefs der alliierten Großmächte, der sowjetische Diktator Stalin, hatte der Einladung Roosevelts und Churchills an der Konferenz von Casablanca teilzunehmen, nicht Folge geleistet. Er war daher an der Proklamation der *Unconditional-Surrender-*

Forderung nicht beteiligt gewesen, hat sich ihr aber bald im Interesse der eigenen Ziele angeschlossen.

Im Januar 1944 war in London die auf der Moskauer Außenministerkonferenz des Jahres 1943 ins Leben gerufene *European Advisory Commission* (EAC, Europäische Beratungskommission) zusammengetreten, der zunächst je ein Vertreter der drei Großmächte USA, UdSSR und Großbritannien – seit November 1944 auch ein Vertreter der Provisorischen Regierung Frankreichs – angehörte. Sie beschäftigte sich vornehmlich mit der Ausarbeitung einer gemeinsamen Deutschlandplanung der Alliierten. Am 25. Juli 1944 verabschiedete die EAC den Urkundenentwurf über die „bedingungslose Kapitulation Deutschlands". Dieses Dokument war aus einem Entwurf des *State Department* hervorgegangen, den Hull seinen Kollegen Eden und Molotow auf der Moskauer Außenministerkonferenz vorgelegt hatte. Er sollte von der „höchsten deutschen Zivilautorität" und der „höchsten deutschen militärischen Autorität" unterzeichnet werden.[16]

Die Präambel des Urkundenentwurfs enthält das Eingeständnis der totalen Niederlage Deutschlands: „Anerkennend und zugestehend, daß die deutschen Streitkräfte zu Lande, zu Wasser und in der Luft vollständig geschlagen sind, geben die Deutsche Reichsregierung und das Oberkommando der Deutschen Wehrmacht hiermit die bedingungslose Übergabe Deutschlands bekannt".[17] Es folgen die einzelnen militärischen und politischen Übergabebedingungen. Artikel 12 der Urkunde überträgt den Alliierten die höchste Regierungsgewalt in Deutschland: die USA, Großbritannien und die UdSSR „werden in Deutschland die höchste Regierungsgewalt besitzen. In Ausübung dieser Regierungsgewalt werden sie diejenigen Maßnahmen treffen, die sie zum künftigen Frieden und zur künftigen Sicherheit für erforderlich halten, darunter auch die vollständige Abrüstung und Entmilitarisierung Deutschlands".[18] Während der Konferenz von Jalta fügten die „großen Drei" – Roosevelt, Churchill und Stalin – diesen für die Sicherung der künftigen Friedensordnung erforderlichen Maßnahmen die „Zerstückelung Deutschlands (*dismemberment of Germany*)" in mehrere Einzelstaaten hinzu.[19]

Nach der Konferenz von Jalta erfuhr das EAC-Dokument noch eine letzte umfassende formale Veränderung. Gegen Ende März 1945 setzte sich in der britischen Regierung die Auffassung durch, daß nach der völligen Niederringung Deutschlands wahrscheinlich keine militärische und zivile deutsche Autorität mehr bestehen werde, um die Kapitulationsurkunde zu unterzeichnen. Daher müßten die Sieger auf ein anderes Verfahren zurückgreifen und die vollständige deutsche Niederlage sowie die Übernahme der höchsten Regierungsgewalt in Deutschland einseitig proklamieren. Die Kapitulationsurkunde wurde daraufhin von der EAC in eine Deklaration umgearbeitet.

Die Urkunde über die militärische Kapitulation Deutschlands wurde in Reims und Karlshorst, den Hauptquartieren der Alliierten Expeditionsstreitkräfte (General Eisenhower) und der Roten Armee (Marschall Schukow), vom Oberkommando der deutschen Wehrmacht unterzeichnet. Den deutschen Vertretern war jedoch weder in Reims noch in Karlshorst die von der EAC ausgearbeitete Urkunde über die „bedingungslose Kapitulation Deutschlands" vorgelegt worden, denn zu diesem Zeitpunkt war die Frage, ob die ursprüngliche, von allen vier in der EAC vertretenen Mächten akzeptierte oder die von den drei Großmächten in Jalta revidierte Fassung der EAC-Urkunde von den Deutschen unterzeichnet werden sollte, noch nicht definitiv geklärt. Eisenhower hatte daher nach den Richtlinien für lokale Teilkapitulationen eine völlig neue Übergabeurkunde ausarbeiten und den Vertretern des OKW zur Unterzeichnung vorlegen lassen. Sie beschränkte sich ausschließlich auf die bedingungslose militärische Kapitulation Deutschlands und behielt sich in Artikel 4 ihre Ersetzung durch das allgemeine EAC-Dokument ausdrücklich vor.[20]

Die bedingungslose staatlich-politische Kapitulation Deutschlands trat am 5. Juni 1945 in Kraft. Da sich die deutsche Reichsregierung und das Oberkommando der Wehrmacht zu diesem Zeitpunkt bereits in alliierter Kriegsgefangenschaft befanden, wurde die bedingungslose militärische und staatlich-politische Totalkapitulation Deutschlands von den vier Siegermächten in der Form der EAC-Deklaration als „Erklärung in Anbetracht der Niederlage Deutschlands und der Übernahme der obersten Regierungsgewalt hinsichtlich Deutschlands durch die Regierungen des Vereinigten Königreichs, der Vereinigten Staaten von Amerika und der Union der Sozialistischen Sowjetrepubliken und durch die Provisorische Regierung der Französischen Republik" zusammen mit den Erklärungen über die Besatzungszonen und den Kontrollmechanismus in Deutschland verkündet. Ein Vergleich der EAC-Urkunde mit der EAC-Deklaration zeigt, daß sämtliche Artikel der Urkundenfassung ohne wesentliche Änderungen des ursprünglichen Wortlauts in die Deklaration übernommen worden sind. Die EAC hat den Artikeln jedoch eine neue, ausführliche Präambel vorangestellt und die Ergänzung von Jalta wieder gestrichen.

Die Präambel der Deklaration beginnt mit den Sätzen: „Die deutschen Streitkräfte zu Lande, zu Wasser und in der Luft sind vollständig geschlagen und haben bedingungslos kapituliert, und Deutschland, das für den Krieg verantwortlich ist, ist nicht mehr fähig, sich dem Willen der siegreichen Mächte zu widersetzen. Dadurch ist die bedingungslose Kapitulation Deutschlands erfolgt, und Deutschland unterwirft sich allen Forderungen, die ihm jetzt oder später auferlegt werden". Die vier Siegermächte übernehmen „die oberste Regierungsgewalt in Deutschland, einschließlich aller Befugnisse der deutschen Regierung, des Oberkommandos der Wehrmacht und der Regierungen, Verwaltungen oder Behörden der Länder, Städte und Gemeinden. Die Übernahme zu den vorstehend genannten Zwecken der besagten Regierungsgewalt und Befugnisse bewirkt nicht die Annektierung Deutschlands".[21]

III.

Mit der bedingungslosen militärischen und staatlich-politischen Totalkapitulation verschwand der preußisch-deutsche Nationalstaat, das Deutsche Reich, von der politischen Weltkarte, nicht jedoch aus dem Staats- und Völkerrecht. Hieraus resultiert die prinzipielle Kontroverse zwischen einerseits staats- und völkerrechtlicher und andererseits historisch-politischer Beurteilung der bedingungslosen Kapitulation Deutschlands. Die herrschende deutsche Staats- und Völkerrechtslehre vertritt nach wie vor die These, daß der deutsche Staat im Jahre 1945 rechtsfähig geblieben sei, seine Willens- und Handlungsfähigkeit jedoch eingebüßt habe. Diese bereits spitzfindig anmutende Differenzierung zwischen Rechts- und Handlungsfähigkeit ist den historisch-politischen Wissenschaften fremd. Hier gilt die politische Willens- und Handlungsfähigkeit als wesentliches Kriterium für die Existenz eines Staates.

Die historisch-politische Interpretation gelangt triftigerweise zu dem Ergebnis, daß die deutsche Kapitulation 1945 zugleich das Ende des Deutschen Reiches bedeute. *De facto* hatte das Reich seine politische Handlungsfähigkeit bereits mit der bedingungslosen militärischen Gesamtkapitulation am 8. Mai 1945 verloren, *de iure* verlor es sie

mit der Deklaration der bedingungslosen militärischen und staatlich-politischen Totalkapitulation am 5. Juni 1945. Die historisch-politische Bedeutung der bedingungslosen Kapitulation Deutschlands erhellt besonders eindringlich aus folgenden Worten,
die General de Gaulle am 15. Mai 1945 vor der *Assemblée consultative* sprach: „Der
Sieg ist von den Dimensionen des Krieges. Deutschland, in seinem Traum von der
Herrschaft bis zum Fanatismus hingerissen, hat ihn so geführt, daß der Kampf
materiell, politisch und moralisch ein totaler Kampf war. Der Sieg mußte daher ein
totaler Sieg sein. Das ist geschehen. Insofern sind der Staat, die Macht und die Doktrin,
ist das Deutsche Reich völlig zerstört (... *le Reich allemand est complètement
détruit*)."[22]

Die staats- und völkerrechtliche Beurteilung der bedingungslosen Kapitulation
Deutschlands als rein militärischer Übergabe bildet eine wesentliche Voraussetzung
der offiziellen These von der Fortexistenz des Deutschen Reiches in Gestalt der
Bundesrepublik Deutschland in den Grenzen vom 31. Dezember 1937. Sie ist bis zum
Beitritt der DDR von allen Bundesregierungen vertreten und mehrfach vom Bundes-
verfassungsgericht bekräftigt worden. Das Deutsche Reich, heißt es in seinem Urteil
vom 31. Juli 1973 zum Grundlagenvertrag zwischen den beiden deutschen Nach-
kriegsstaaten, habe „den Zusammenbruch 1945 überdauert". Es sei „weder mit der
Kapitulation noch durch Ausübung fremder Staatsgewalt in Deutschland durch die
alliierten Okkupationsmächte noch später untergegangen". Die Bundesrepublik
Deutschland sei als Staat nicht „Rechtsnachfolger", sondern identisch mit dem Deutschen Reich, in seiner räumlichen Ausdehnung freilich nur „teilidentisch".[23] Die
Ausdehnung in den Grenzen von 1937 folgt dem Protokoll der EAC über die Einteilung Deutschlands in Besatzungszonen vom 12. September 1944.[24] Sie ist erst durch
den Vertrag der Bundesrepublik Deutschland mit der Republik Polen über die zwischen ihnen bestehende Grenze vom 14. November 1990 revidiert worden.[25]

Die staats- und völkerrechtliche Diskussion war bereits 1944 mit einem nach wie vor
sehr lesenswerten Beitrag von Hans Kelsen im *American Journal of International Law*
eröffnet worden, in dem er die beiden traditionellen, im bisherigen Völkerrecht
praktizierten Möglichkeiten einer Kriegsbeendigung – die *occupatio bellica* und den
Abschluß eines Friedensvertrages mit einer neuen, von den Siegermächten anerkann-
ten Regierung – abgelehnt hatte.[26] Die *occupatio bellica* sei für die Durchführung der
politischen Kriegsziele ungeeignet, da sie die Alliierten zur Respektierung der Haager
Landkriegsordnung (HLKO) verpflichte; der Abschluß eines Friedensvertrages mit
einer neuen, von den Alliierten eingesetzten, demokratischen Regierung sei aufgrund
der Erfahrungen mit dem Versailler Vertrag politisch unklug. Die neue demokratische
Regierung Deutschlands dürfe nicht mit der politischen Verantwortung für den Abschluß eines Friedensvertrages belastet werden, der ohne Zweifel härter sein würde als
der Vertrag von Versailles; denn der Zusammenbruch der Weimarer Republik und der
Aufstieg des Nationalsozialismus seien die politischen Folgen des Versailler Vertrages
gewesen.[27] Den beiden abgelehnten Möglichkeiten einer Kriegsbeendigung stellt
Kelsen eine dritte gegenüber, die die Alliierten nicht an die HLKO binden und den
Abschluß eines Friedensvertrages unnötig machen würde.

Diese dritte, völkerrechtlich legitime Möglichkeit sei ein unmittelbar nach der bedingungslosen Kapitulation zu errichtendes Kondominium der drei Großmächte über
Deutschland. Der völkerrechtliche Status des Kondominiums sei dadurch charakterisiert, daß das Territorium und das Volk eines Staates der Souveränität zweier oder

mehrerer fremder Mächte unterstellt würden, die dann anstelle der früheren Regierung gemeinsam die Staatsgewalt ausübten. Übernähmen die Kondominalmächte die Staatsgewalt im Wege eines Krieges, so müsse zuvor die *debellatio*, die völlige militärische Niederringung und Eroberung des betreffenden Staates, erfolgt sein. Ein gemeinsames Kondominium über Deutschland würde den Alliierten die staats- und völkerrechtliche Handhabe geben, ihre Pläne für eine umfassende Reform des staatlichen und politischen Lebens in Deutschland durchzuführen. Nach der Beendigung dieser Reform sei das Kondominium zu beenden und die Souveränität Deutschlands wiederherzustellen. Deutschland würde dann im staats- und völkerrechtlichen Sinne ein völlig neuer Staat sein, und zwischen dem neuen demokratischen und dem zerstörten nationalsozialistischen deutschen Staat würde keinerlei Kontinuität bestehen.[28] Die politischen Vorteile dieses Kondominalverfahrens seien, daß kein Waffenstillstands- oder Friedensvertrag mit einer deutschen Regierung abgeschlossen werde und daß die neue demokratische Regierung Deutschlands nicht mit der politischen Verantwortung für den Abschluß eines solchen Vertragswerkes belastet werden könne.[29]

Nach der bedingungslosen Kapitulation Deutschlands hat Kelsen dieses Thema wiederaufgegriffen und den staats- und völkerrechtlichen Status Deutschlands nach der Berliner Erklärung vom 5. Juni 1945 untersucht.[30] Kelsen kommt dabei zu folgendem Ergebnis: Eine *occupatio bellica* habe nicht stattgefunden; die *debellatio* Deutschlands, die bedingungslose Kapitulation und die Liquidierung der Regierung Dönitz seien eindeutige Gegenbeweise. Mit der Berliner Deklaration seien das deutsche Staatsgebiet und das deutsche Volk der Souveränität der alliierten Mächte unterstellt worden. Die Übernahme der deutschen Staatsgewalt und die Einsetzung des alliierten Kontrollrats bedeute die Einrichtung eines Kondominiums der vier alliierten Mächte über Deutschland.[31] Kelsen vertrat mithin die These, daß der deutsche Staat mit der Berliner Deklaration vom 5. Juni 1945 aufgehört habe, ein Rechtssubjekt zu sein, und daß der Kondominalstaat der Alliierten das als Staat untergegangene Deutsche Reich abgelöst habe.

Die vorherrschende deutsche Staats- und Völkerrechtslehre[32] hat Kelsens Kondominalthese abgelehnt und ihm entgegengehalten, daß die militärische Kapitulation und die *debellatio* die staatliche Existenz nicht berührten, ein Kondominium aber nicht errichtet worden sei, weil die Alliierten ausdrücklich auf eine Annexion des deutschen Staatsgebietes verzichtet hätten. Sieht man indes von den terminologischen Differenzen ab, so scheint Kelsen mir in der Sache weit eher der historischen Realität der unmittelbaren Nachkriegszeit gerecht zu werden, ja sie geradezu historisch zu erklären. Er beurteilt die bedingungslose Kapitulation und die Ausübung der Staatsgewalt durch den Alliierten Kontrollrat durchaus konform mit den politischen Intentionen der alliierten Sieger- und Besatzungsmächte. Er gibt überdies dem 8. Mai 1945 die Bedeutung jener einschneidenden politischen Wendemarke, die sie mit der militärischen und staatlich-politischen Totalkapitulation bezweckten und die er im historischen Rückblick in der Tat auch erhalten hat.

Der 8. Mai 1945 markiert freilich nicht nur in der deutschen, sondern auch in der europäischen und in der Weltgeschichte eine tiefe politische Zäsur. In der deutschen Geschichte bezeichnet er das Ende des preußisch-kleindeutschen Nationalstaats in Gestalt des Deutschen Reiches, in der europäischen das Ende des Systems der ,,großen Mächte" und in der Weltgeschichte – mit den Worten Winston Churchills – ,,Triumph und Tragödie" der *Vereinten Nationen*.[33] Mit dem Deutschen Reich versank zugleich das europäische Staatensystem, das seit seiner Entstehung zu Beginn der Neuzeit unter dem Leitthema von „Gleichgewicht oder Hegemonie" existiert und funktioniert hatte,[34] aber seit dem ausgehenden 19. Jahrhundert, insbesondere durch die Politik der imperialistischen Mächte, zunehmend in den Sog der Weltpolitik geraten war. Zumal die deutsche Weltpolitik hatte das europäische Gleichgewicht empfindlich beeinträchtigt und im Ersten Weltkrieg den – freilich gescheiterten – „Griff nach der Hegemonie in Europa" (Ludwig Dehio)[35] und damit zugleich auch den „Griff nach der Weltmacht" (Fritz Fischer)[36] gewagt. Mit der Neuordnung auf den Pariser Friedenskonferenzen war zunächst eine Rückkehr zum Staatensystem verbunden gewesen, das sich dann auch, wie beispielsweise im Vertragswerk von Locarno, durchaus noch als fähig erwies, europäische Regelungen zu treffen, durch Hitlers Eroberungs- und Vernichtungskrieg jedoch erneut von der Weltpolitik erfaßt, überlagert und schließlich aufgelöst werden sollte.

In dieser Entwicklung war es das politische Fernziel der Westmächte gewesen, die aus der gemeinsamen Feindschaft gegen die faschistischen Aggressoren hervorgegangene Allianz der *Vereinten Nationen* nach der Beendigung des Zweiten Weltkrieges in eine ständige Weltorganisation umzuwandeln, die die in der *Atlantic-Charta* geforderte globale Friedensordnung nach der „endgültigen Zerstörung der Nazityrannei" verwirklichen und garantieren sollte.[37] Aber im Augenblick des militärischen Triumphs über das Dritte Reich wurde bereits deutlich, daß die Sowjetunion den Zweiten Weltkrieg keineswegs im Interesse der von den Westmächten erstrebten Weltfriedensordnung auf der Grundlage liberal-demokratischer Staats- und Gesellschaftsordnungen angloamerikanischer Provenienz, sondern letztlich darum geführt hatte, mit den nach Westen vordringenden Armeen auch ihren eigenen Machtbereich zu erweitern und in den okkupierten Gebieten ihr „eigenes gesellschaftliches System" (Stalin) einzuführen.[38] Die Allianz der *Vereinten Nationen* war nicht mehr als eine Anti-Hitler-Koalition gewesen. Als der gemeinsame Gegner endgültig besiegt war und bedingungslos kapituliert hatte, brach sie in zwei antagonistische Machtblöcke mit unterschiedlichen Gesellschaftsordnungen auseinander, die dann in den nachfolgenden Jahren des Kalten Krieges das politische Gesicht der Welt, Europas und Deutschlands bestimmen sollten.

IV.

Erst die tiefgreifenden Veränderungen Mittel- und Osteuropas in den Jahren 1989/90 haben diese Nachkriegsepoche beendet und als solche Geschichte werden lassen. Das durch den Beitritt der DDR zum Geltungsbereich des Grundgesetzes der Bundesrepublik Deutschland entstandene vereinigte Deutschland entspricht territorial dem im Potsdamer Abkommen als *Germany as a whole*[39] und von Hans Kelsen als Kondominalstaat bezeichneten alliierten Kontrollratsdeutschland. Man könnte es in dieser Hinsicht auch als das um die Ostgebiete reduzierte, wiederhergestellte Vorkriegsdeutschland bezeichnen. Historisch-politisch ist es indes ein völlig anderes, ein neues Deutschland: nicht mehr das von vordemokratischen Eliten bestimmte Deutsche Reich, sondern eine funktionstüchtige parlamentarische Demokratie, nicht mehr die autonome Großmacht im europäischen Staatensystem mit dem Anspruch und der Möglichkeit eigenständiger und eigenmächtiger Außenpolitik, sondern ein aus der Spaltung der unmittelbaren Nachkriegszeit im Zuge tiefgreifender Wandlungen im sowjetischen Machtbereich hervorgegangener europäischer Staat, dessen außenpolitischer Spielraum durch vertragliche Bindungen, supranationale Integration und internationale Kooperation innerhalb der Staatengemeinschaft deutlich bestimmt und begrenzt ist.

Ziehen wir nunmehr Bilanz: Das Jahr 1945 hat sich unserem Gedächtnis als tiefer historischer Einschnitt eingeprägt. Zum einen hat es weithin 1917 als Orientierungsmarke für den Beginn unserer Zeitgeschichte abgelöst zum anderen trennt es zwei deutlich voneinander geschiedene Epochen unserer neuzeitlichen Geschichte. Es ist geradezu – wie 1517 und 1789 – zum Epochenjahr geworden. Um es noch einmal in Erinnerung zu rufen: Epochenjahre bezeichnen historische Zäsuren, die nicht so sehr von der Geschichte selbst als vielmehr von der Geschichtsschreibung bestimmt werden. Gewiß, sie sind dem Gegenstand historischer Erkenntnis abgewonnen und somit durchaus auch objektiv begründet, ihre markierende, ihre gliedernde und ordnende Funktion verdanken sie jedoch zur Hauptsache den gegenwartsbezogenen Bedeutungs- und Sinnzusammenhängen, in denen historische Ereignisse, Verhältnisse und Entwicklungen rekonstruiert und dargestellt werden.

Die historische Bedeutung des Epochenjahrs 1945 ist vor allem auf den 8. Mai konzentriert worden, der hierin dem 31. Oktober 1517 und dem 14. Juli 1789 vergleichbar ist. Der 8. Mai 1945 ist ein Datum in einer langen Entwicklung, möglicherweise nicht einmal das historisch bedeutendste oder repräsentativste. Aber im allgemeinen Geschichtsbild der öffentlichen Meinung, wie es längst in unsere Hand-, Lehr- und Schulbücher eingegangen ist, hat es eine Bedeutung gewonnen, in der sich gleichsam die historische Essenz dieser Entwicklung verdichtet und die bedingungslose militärische Kapitulation des Dritten Reiches zur national-, kontinental- und universalgeschichtlichen Zäsur wird. So markiert der 8. Mai 1945 Ende und Anfang: nicht nur das Ende des Dritten, sondern auch des Deutschen Reiches und des europäischen Staatensystems, zugleich aber auch den Anfang unserer Zeitgeschichte, des weltweiten Ost-West-Konflikts und des geteilten Deutschlands.

Die bedingungslose Kapitulation Deutschlands war ohne Frage ein primär politisches Ereignis. Der 8. Mai 1945 markiert daher auch eine politische Zäsur, die selbst aus der Vogelperspektive zu Ende des 20. Jahrhunderts unübersehbar bleibt. Richard von Weizsäcker hat ihn in seiner denkwürdigen Ansprache vor zehn Jahren als einen ,,Tag der Befreiung" beurteilt, denn er habe – führte er aus – ,,uns alle befreit von dem menschenverachtenden System der nationalsozialistischen Gewaltherrschaft".[40] In dieser Bedeutung ist er auch durchweg in den offiziellen Gedenkveranstaltungen zum 50. Jahrestag gewürdigt worden. Im gegenwartsbezogenen Rückblick aus 50jähriger Distanz oder wiederum aus der Vogelperspektive mag es durchaus so gesehen werden, denn der 8. Mai 1945 brachte nicht nur die Beendigung des Zweiten Weltkrieges in Europa, sondern auch der nationalsozialistischen Diktatur. Es würde jedoch auf eine fatale Unterschätzung und Verharmlosung des Nationalsozialismus hinauslaufen, wollte man den 8. Mai 1945 lediglich als Befreiung vom Joch einer verhaßten Diktatur verstehen.

Der Nationalsozialismus war keineswegs nur ein äußerliches Zwangssystem, sondern zunächst und vor allem eine vitale gesellschaftliche und politische Kraft. Er hatte sich zu Beginn der 30er Jahre als mächtige Massenbewegung entfalten können, und seine politische Organisation, die NSDAP, war aus den letzten freien Wahlen der Weimarer Republik als die bei weitem stärkste politische Partei hervorgegangen. In den Reichstagswahlen des Jahres 1932 hatte sie jede 3. Stimme erhalten. Jürgen W. Falter hat nachgewiesen, daß sie bei aller Überrepräsentation mittelständischer Schichten „stärker als jede andere politische Gruppierung jener Jahre Volksparteicharakter trug" und ihre Wählerbasis „als breit, ja das ganze Volk umfassend charakterisiert werden" müsse.[41] Die nationalsozialistische Diktatur hat diese Basis durch Indoktrination und Gleichschaltung sogar noch erweitern und durch die spezifischen Formen ihrer totalitären Herrschaft bis in die letzten Kriegsjahre hinein weitgehend erhalten können.

Die konservativen Sattelhelfer und Koalitionspartner der Machtergreifung waren zwar keine eigentlichen Nationalsozialisten, stimmten aber doch in einer Reihe wichtiger innen- und außenpolitischer Fragen partiell mit ihnen überein und trugen nicht unwesentlich zur Auflösung der Weimarer Republik und zur Errichtung der Diktatur Hitlers bei. Freilich, ein Teil von ihnen ging unter der Führung Goerdelers und Becks in den Widerstand, die weitaus meisten hielten jedoch – wenn auch in Distanz – in ihren Ämtern und Funktionen bis zum bitteren Ende aus. In der Regierung Dönitz (zwei ihrer Mitglieder, Schwerin von Krosigk und Speer, hatten auch auf Goerdelers Ministerliste gestanden) konnten sie dann noch einmal die Differenz zur Diktatur Hitlers demonstrieren, aber auch ihre Unfähigkeit zur Selbstbefreiung und Selbstüberwindung des Dritten Reiches. Angesichts eines solchen Befundes fällt es schwer, den 8. Mai 1945 ohne Einschränkung als Befreiung vom Nationalsozialismus zu bezeichnen. Für die große Mehrheit der deutschen Bevölkerung bedeutete der 8. Mai 1945 – nach allem was wir darüber wissen – kaum mehr als die von außen erzwungene Beseitigung der nationalsozialistischen Gewaltherrschaft.[42] Die eigentliche Befreiung oder besser: mühsame Selbstbefreiung – um es in Anlehnung an Immanuel Kant zu formulieren – als Ausgang aus selbstverschuldeter Unmündigkeit sollte erst noch bevorstehen.

Dabei soll keineswegs übersehen werden, daß der 8. Mai 1945 auch für viele die langersehnte Befreiung vom Nationalsozialismus bedeutete: für die Überlebenden der Konzentrationslager, für die Verfolgten und die Widerstandskämpfer in den Gefängnissen wie im Untergrund, aber auch für die resistenten Regimegegner in der „inneren Emigration", für die deportierten Fremdarbeiter, die alliierten Kriegsgefangenen und die Bevölkerung unter deutscher Besatzungsgewalt. Und nicht zuletzt für die Alliierten, die sich und die zivilisierte Welt unter schwersten Opfern eines gefährlichen Aggressors entledigt hatten. Für sie war Deutschland übrigens nicht befreit, sondern besiegt worden. Es hatte – wie wir aus ihrer Erklärung vom 5. Juni 1945 vernahmen – eine vernichtende Niederlage erlitten und sollte nun unter ihrer Verantwortung entmilitarisiert, entnazifiziert und zur Demokratie erzogen werden.

Unter den zeitgenössischen Verlautbarungen der alliierten Siegermächte ist mir keine bekannt, die die bedingungslose Kapitulation als Befreiung Deutschlands verstünde. Im Gegenteil, die „Erklärung über das befreite Europa" der Konferenz von Jalta vom 11. Februar 1945 meinte ausdrücklich nur die von den „Angreifernationen", namentlich *Nazi Germany*, unterworfenen Völker einschließlich der früheren Achsen-Satellitenstaaten, keineswegs jedoch das Deutsche Reich oder die Deutschen.[43] Die von Präsident Truman autorisierte Direktive JCS 1067 an General Eisenhower vom 11. Mai 1945 besagte ausdrücklich, daß Deutschland nicht zum Zwecke der Befreiung, sondern als ein besiegter Feindstaat besetzt werde: *Germany will not be occupied for the purpose of liberation but as a defeated enemy nation.*[44] Und die am 26. Juni 1945 in San Francisco verabschiedete *Charta der Vereinten Nationen* hatte in der sogenannten Feindstaatenklausel der Artikel 53 und 107 ausdrücklich diejenigen Staaten von der

Inanspruchnahme der in Artikel 2 formulierten Grundsätze gewaltfreier internationaler Beziehungen ausgeschlossen, deren sie sich im Zweiten Weltkrieg hatten erwehren müssen.[45]

Das Potsdamer Abkommen vom 2. August 1945 schließlich sah grundlegende, langfristige Maßnahmen der mentalen und politischen Rezivilisation des deutschen Volkes vor, die notwendig seien, ,,damit Deutschland niemals mehr seine Nachbarn oder die Erhaltung des Friedens in der ganzen Welt bedrohen" könne. Sie wollten ihm damit ,,die Möglichkeit geben, sich darauf vorzubereiten, sein Leben auf einer demokratischen und friedlichen Grundlage von neuem wiederaufzubauen". Und weiter: ,,Wenn die eigenen Anstrengungen des deutschen Volkes unablässig auf die Erreichung dieses Zieles gerichtet sein werden, wird es ihm möglich sein, zu gegebener Zeit seinen Platz unter den freien und friedlichen Völkern der Welt einzunehmen".[46] Zu dieser Zeit waren freilich auch schon die neuen Gegenkräfte am Werke. Bereits Anfang Mai 1945 hatte die Gruppe Ulbricht mit der Einsetzung der Bezirksverwaltungen und des Magistrats von Berlin ihre politische Arbeit im Auftrage Stalins unter der von Wolfgang Leonhard überlieferten Devise aufgenommen: ,,Es muß demokratisch aussehen, aber wir müssen alles in der Hand haben".[47]

Diese Einschränkungen, Anmerkungen und Belege mögen hier genügen, um den 8. Mai 1945 als Tag der Befreiung ins rechte historische Licht zu rücken. Genau genommen, war der *defeated enemy nation* mit ihrer vollständigen Niederlage eine Bedingung der Möglichkeit ihrer Befreiung vom Nationalsozialismus und damit die Chance eröffnet worden, in einem beschwerlichen Erziehungs- und Lernprozeß den – wie Max Picard damals treffend schrieb – ,,Hitler in uns selbst" zu überwinden.[48] Heute, da wir aus fünfzigjähriger Distanz auf den 8. Mai 1945 zurückblicken, wird seine Geschichte und geschichtliche Bedeutung nur allzu leicht dem gegenwartsbezogenen Werturteil unterworfen, die Möglichkeitsbedingung bereits als Verwirklichung verstanden und der Prozeß auf ein Ereignis verkürzt. Das mag die Bedeutung des 8. Mai 1945 als politischer Zäsur nur noch verstärken, gibt ihm aber einen deutlich veränderten Sinn, der sich schwerlich noch mit dem aus den einschlägigen Quellen erarbeiteten historischen Sachurteil vereinbaren läßt. Es wäre gewiß verlohnend, den politischen Erziehungs- und Selbsterziehungsprozeß der Deutschen zum Zwecke ihrer Befreiung aus selbstverschuldeter Unmündigkeit wie aus erzwungener Entmündigung vom Ende des Deutschen Reiches bis zur vereinigten Bundesrepublik Deutschland in chronologischer, räumlicher und systematischer Differenzierung, in West- und Ostdeutschland, im Selbst- und Fremdverständnis des näheren zu untersuchen. Aber das wäre ein anderes Thema, und meine bemessene Zeit ist bereits erschöpft.

Anmerkungen

1   Richard von Weizsäcker, Zum 40. Jahrestag der Beendigung des Krieges in Europa und der nationalsozialistischen Gewaltherrschaft. Ansprache am 8. Mai 1985 in der Gedenkstunde im Plenarsaal des Deutschen Bundestages, Bonn 1985, S. 1

2   Rolf-Dieter Müller / Gerd. R. Ueberschär, Kriegsende 1945. Die Zerstörung des Deutschen Reiches (Fischer TB 10837), Frankfurt am Main 1994, S. 7, s. auch S. 140-147

3   Reimer Hansen, Der totale deutsche Zusammenbruch 1945. Probleme und Ergebnisse der historisch-politischen Forschung, in: Aus Politik und Zeitgeschichte. Beilage zur Wochenzeitung Das Parlament 20(1970), B 19/70; ders., Der 8. Mai 1945. Geschichte und geschichtliche Bedeutung. Vortrag am 8. Mai im Fachbereich Geschichtswissenschaften der Freien Universität Berlin, Berlin 1985, S. 2. S. auch: Hans-Adolf Jacobsen, Zur Lage der Nation: Deutschland im Mai 1945, in: Aus

Politik und Zeitgeschichte (s.o.) 35(1985), B 13/85, S. 4f; Hans Mommsen, Der 8. Mai 1945: Endpunkt einer Hybris. Es war ein beispielloser säkularer Zusammenbruch, in: Das Parlament 45(1995), Nr. 18-19, S. 1

4 Friedrich Meinecke, Die deutsche Katastrophe. Betrachtungen und Erinnerungen, Wiesbaden 1946

5 Horst Möller, Die Relativität historischer Epochen: Das Jahr 1945 in der Perspektive des Jahres 1989, in: Aus Politik und Zeitgeschichte (wie Anm. 3) 45(1995), B 18-19/95, S. 3-9

6 Klaus Tenfelde, 1914 bis 1990 – Einheit der Epoche, in: Aus Politik und Zeitgeschichte (wie Anm. 3) 41(1991), B 40/91, S. 3-11, 40

7 Wolfgang Bleyer / Karl Drechsler / Gerhard Förster / Gerhart Hass, Deutschland von 1939 bis 1945. Deutschland während des zweiten Weltkrieges (= Lehrbuch der deutschen Geschichte. Beiträge 12), Berlin(O) 1969, S. 413

8 Ebd., S. 423

9 Ernst-Ulrich Huster / Gerhard Kraiker / Burkhard Scherer / Friedrich-Karl Schlotmann / Marianne Welteke, Determinanten der westdeutschen Restauration 1945-1949 (= Edition Suhrkamp 475), Frankfurt am Main 1972, S. 7

10 Ebd., S. 120

11 Martin Broszat / Klaus-Dietmar Henke und Hans Woller (Hrsg.), Von Stalingrad zur Währungsreform. Zur Sozialgeschichte des Umbruchs in Deutschland (= Quellen und Darstellungen zur Zeitgeschichte 26), München 1988, S. XXV f. S. hierzu auch: Werner Conze und M. Rainer Lepsius (Hrsg.), Sozialgeschichte der Bundesrepublik Deutschland. Beiträge zum Kontinuitätsproblem (= Industrielle Welt 34), Stuttgart 1983

12 Klaus-Dietmar Henke, Die amerikanische Besetzung Deutschlands (= Quellen und Darstellungen zur Zeitgeschichte 27), München 1995, S. 25

13 Ebd., S. 25, 26, 29

14 Ebd., S. 30

15 Die nachstehenden Ausführungen folgen im wesentlichen meinen Abhandlungen: Das Ende des Dritten Reiches. Die deutsche Kapitulation 1945 (= Kieler Historische Studien 2), Stuttgart 1966; Der 8. Mai 1945 (wie Anm. 3); Die Kapitulation und die Regierung Dönitz, in: Winfried Becker (Hrsg.), Die Kapitulation von 1945 und der Neubeginn in Deutschland (= Passauer Historische Forschungen 5), Köln, Wien 1987, S. 31-43. Dort auch weiterführende Literaturhinweise.

16 Ernst Deuerlein, Die Einheit Deutschlands, Bd. 1: Die Erörterungen und Entscheidungen der Kriegs- und Nachkriegskonferenzen 1941-1949. Darstellung und Dokumente, Frankfurt am Main, Berlin² 1961, S. 314

17 Ebd., S. 311

18 Ebd., S. 314

19 Ebd., S. 334

20 Ebd., S. 337

21 Ebd., S. 338

22 Charles de Gaulle, Discours de Guerre, Vol. 3 (Mai 1944-Septembre 1945), Paris 1945, S. 214

23 Entscheidungen des Bundesverfassungsgerichts, Bd. 36, Tübingen 1974, S. 16

24 Deuerlein (wie Anm. 16), S. 315, 342

25 Die deutsch-polnischen Verträge vom 14.11.1990 und 17.6.1991. Traktaty polsko-niemieckie z 14.11.1990 r.i 17.6.1991 r., Heidelberg, Magdeburg 1991, S. 14 f

26 Hans Kelsen, The international legal status of Germany to be established immediately upon termination of the war, in: The American Journal of International Law 38(1944), S. 689-694

27 Ebd., S. 691 f

28 Ebd., S. 692 f

29 Ebd., S. 693 f

30 Hans Kelsen, The legal status of Germany according to the Declaration of Berlin, in: The American Journal of International Law 39(1945), S. 518-526

31 Ebd., S. 523 f

32 Reimer Hansen, Das Ende des Dritten Reiches (wie Anm. 15), S. 213-222. Neuerdings hierzu: Walter Schwengler, Das Ende des „Dritten Reiches" – auch das Ende des Deutschen Reiches?, in: Hans-Erich Volkmann (Hrsg.), Ende des Dritten Reiches – Ende des Zweiten Weltkriegs. Eine perspektivische Rückschau (= Serie Piper 2056), München 1995, S. 176 f, 194 f

33 Winston S. churchill, The Second World War, Vol. 6: Triumph and Tragedy, London 1954

34 Ludwig Dehio, Gleichgewicht oder Hegemonie. Betrachtungen über ein Grundproblem der neueren Staatengeschichte, Krefeld 1948

35 Ludwig Dehio, Deutschland und die Weltpolitik im 20. Jahrhundert, München 1955, S. 16

36 Fritz Fischer, Griff nach der Weltmacht. Die Kriegszielpolitik des kaiserlichen Deutschland 1914/18, Düsseldorf[3] 1964

37 Deuerlein (wie Anm. 16), S. 304

38 Milovan Djilas, Gespräche mit Stalin, Stuttgart, Hamburg o.J., S. 139

39 Foreign Relations of the United States. Diplomatic Papers. The Conference of Berlin (The Potsdam Conference) 1945, Vol. 2, Washington 1960, S. 1502; Deuerlein (wie Anm. 16), S. 349

40 v. Weizsäcker (wie Anm. 1), S. 2

41 Jürgen W. Falter, Wer verhalf der NSDAP zum Sieg?, in: Aus Politik und Zeitgeschichte (wie Anm. 3) 29(1979), B 28-29/79, S. 19; ders., Hitlers Wähler, München 1991, S. 289

42 Hierzu jetzt: Eberhard Jäckel, Zusammenbruch oder Befreiung?, in: Damals 27(1995), S. 16-19

43 Foreign Relations of the United States. Diplomatic Papers. The Conferences at Malta and Yalta 1945, Washington 1955, S. 971 f; Deuerlein (wie Anm. 16), S. 328 f

44 Wilhelm Cornides und Hermann Volle (Hrsg.), Um den Frieden mit Deutschland. Dokumente zum Problem der deutschen Friedensordnung 1941-1948 mit einem Bericht über die Londoner Außenministerkonferenz vom 25. November bis 15. Dezember 1947 (= Dokumente und Berichte des Europa-Archivs 6), Oberursel (Taunus) 1948, S. 60

45 Die Charta von San Franzisko (= Scientia-Schriften, Dokumente 1), Zürich 1945, S. 29 f, 46 f, 63

46 Foreign Relations (wie Anm. 39), S. 1501 f; Deuerlein (wie Anm. 16), S. 349

47 Wolfgang Leonhard, Die Revolution entläßt ihre Kinder, Köln 1955, S. 365

48 Max Picard, Hitler in uns selbst, Erlenbach-Zürich 1946

Georg Meyer

Militärische Führungsschichten im Wandel

Ausgelöst durch eine publikums- und öffentlichkeitswirksame gestaltete Ausstellung eines Hamburger Instituts für Sozialforschung haben zahlreiche Veröffentlichungen in der Presse, begleitet von Fernsehdiskussionen unterschiedlichen Niveaus in den letzten Wochen den Eindruck erweckt, daß die jüngere deutsche Militärgeschichte eigentlich nur aus zwei Kapiteln besteht. Eines stellt dar die Untaten einer a priori verbrecherischen, uneingeschränkt dem nationalsozialistischen Terror- und Unrechtsregime dienstbaren und gefügigen Organisation, der Wehrmacht. Das zweite Kapitel ist einer einzig anständigen und vorbildlichen – allerdings sehr künstlich und oberflächlich zusammengefügten – Personengruppe gewidmet, den Deserteuren, die allein aus edlen Motiven den fortdauernden Dienst in eben dieser verbrecherischen Organisation verweigerten, und denen eine uneinsichtige Politik trotz letztinstanzlicher Rechtsprechung noch immer die allgemeine Rehabilitierung, Anerkennung und den Hinterbliebenen die finanzielle Wiedergutmachung versagt.

In dieser eingeschränkten Sicht gerät seltsamer Weise ganz der 20. Juli 1944 außer Betracht, obwohl ja der 50. Jahrestag dieses Ereignisses im vergangenen Jahr auch der Anlaß einer kontroversen und erbitterten Debatte gewesen ist, bei der wenigstens der militärische Anteil am Widerstand gegen Hitler noch nicht in Frage gestellt wurde, obwohl es nicht an herabsetzenden Veröffentlichungen in sehr einseitiger Betrachtungsweise gefehlt hat, namentlich den Verschwörerkreis im Oberkommando der Heeresgruppe Mitte, an der Spitze der Oberst Henning v. Tresckow, der Komplicenschaft zu nationalsozialistisch motivierten Verbrechen gegen die Menschlichkeit zu bezichtigen.

Die Befürchtung erscheint nicht unbegründet, daß sich die Ansicht festsetzen könnte, letzlich seien die Streitkräfte der Bundesrepublik Deutschland, die Bundeswehr also, durch ihre Entstehungsgeschichte in der Kontinuität einer verbrecherischen Organisation zu sehen, eine Tendenz, die das 40jährige Jubiläum der Bundeswehr im Herbst 1995 zu verdunkeln droht.

Zum Glück stellt sich jedoch abseits solcher Tagesaufgeregtheiten und vordergründiger, wissenschaftlich verbrämter volkspädagogischer Absichten in der Tat die deutsche Militärgeschichte unter Berücksichtigung der Entwicklungen nach 1945 sehr viel differenzierter und kapitelreicher dar, als in den pauschalen Vorwürfen und bewußt voreingenommenen Darstellungen der Wochen und Monate vor dem 8./9. Mai 1995, in denen nicht zu bestreitenden Negativismen und Fehlentwicklungen der Rang der alleinigen Wahrheit zuerkannt worden ist.

Wie nahe Brüche und Zusammenhänge in der deutschen Militärgeschichte dieses zu Ende gehenden Jahrhunderts benachbart sind, wird sogleich beim Blick auf eine unverkennbare personelle Kontinuität deutlich. Nur einige wenige Beispiele. Im 1955 durch Gesetz eingerichteten Personalgutachterausschuß für die Streitkräfte war eines der besonders aktiven Mitglieder der General der Inf. a.D. Kurt Brennecke. Der in seiner schonungslosen Tätigkeit nicht unumstrittene Ausschuß hatte die Aufgabe, alle Bewerber für die Bundeswehr vom Dienstgrad Oberst/Kapitän z.S. aufwärts auf ihre Eignung für die Verwendung in Streitkräften zu prüfen, die im Rahmen der freiheitlich-demokratischen Grundordnung aufgestellt wurden, und er arbeitete auch sehr vernünftige Grundsätze aus, nach denen die Einstellung ehemaliger Offiziere vom Dienstgrad Oberstleutnant/Fregattenkapitän abwärts erfolgte.

Jener General Brennecke war bis Januar 1942 Chef des Generalstabes der bis zu diesem Zeitpunkt vom Generalfeldmarschall Ritter v. Leeb befehligten Heeresgruppe Nord gewesen, deren unterstellte Verbände seit Herbst 1941 Leningrad – heute wieder St. Petersburg – eingeschlossen hatten. Brenneckes Oberbefehlshaber wurde 1948 von einem amerikanischen Militärgericht im sogenannten OKW-Prozeß (Fall XII, Nürnberg) aufgrund einer Dokumentenverwechslung zu drei Jahren Haft verurteilt – Brennecke hat ebenso entschlossen an der Verteidigung Leebs mitgewirkt, in bleibender kameradschaftlicher Anhänglichkeit an den Feldmarschall, wie auch der einstige Erste Generalstabsoffizier in diesem Oberkommando, der sich 1956 unbefangen dem Verfahren des Personalgutachterausschusses stellte und danach der allgemein anerkannte erste Befehlshaber im Wehrbereich IV (Mainz) gewesen ist, der Generalmajor Paul Herrmann.

Der erste Generalinspekteur der Bundeswehr, von 1957 bis Anfang 1961 General Heusinger, war seit Herbst 1940 bis zum 20. Juli 1944 Chef der Operationsabteilung im Generalstab des Heeres, und dann von 1961 bis Anfang 1964 der höchste militärische Repräsentant des atlantischen Bündnisses, Chairman Military Committee in Permanent Session. Der erste deutsche COMLANDCENT, General Dr. Speidel, war einer der besonders profilierten hohen Generalstabsoffiziere im Zweiten Weltkrieg, zuletzt, bis zu seiner Festnahme Anfang September 1944, Chef des Generalstabes der Heeresgruppe B im Westen (Oberbefehlshaber bis zu seiner Verwundung am 17. Juli 1944 der Feldmarschall Rommel). Stellvertretend für viele andere ältere Angehörige der Bundesmarine sind etwa die Namen der Admirale Ruge, Wagner und Johannesson zu nennen – alle schon Admirale in der Kriegsmarine. Diese wenigen Beispiele illustrieren eine sarkastische Bemerkung des Bundeskanzlers Adenauer 1955 auf die besorgte Frage eines amerikanischen Journalisten, ob denn die Generale Hitlers auch seine Generale sein würden? Adenauer erwiderte schlagfertig: ,,Ich fürchte, 18jährige würde mir die NATO nicht abnehmen ..."

Diese deutliche personelle Kontinuität – im Ergebnis könnte eine plakative Formel lauten: Fachleute von gestern bauen die Armee von morgen auf – führt jedoch auf einen Irrweg, denn eine inhaltliche Kontinuität von der Wehrmacht hin zur Bundeswehr hat es nicht gegeben, weil die Planung und dann der Aufbau der Streitkräfte der Bundesrepublik Deutschland etwas qualitativ ganz anderes war als der Umbau der Armeen des Kaiserreiches nach 1918/19 zur Reichswehr, oder dann der Ausbau auf diesem Fundament seit 1935 zur Wehrmacht.

Nicht wenige dieser Fachleute von gestern zögerten freilich zunächst, sich dieser neuartigen Aufgabe ab 1955 zu stellen und überlegten sich ihr Engagement nun als Staatsbürger in Uniform gut, auch, weil ihnen nicht unberechtigter Argwohn in der Öffentlichkeit und in der Politik entgegenschlug. Erleichtert wurde vielen jedoch der Entschluß zur Mitwirkung durch einen bemerkenswerten Lernprozeß, den diese ältere, für die frühe Gestaltung der Bundeswehr wesentlich verantwortliche Generation in der ersten Nachkriegsdekade ab 1945 durchmachte, angereichert durch die im Verlauf schon der ersten selbst miterlebten Niederlage und des Staatszusammenbruchs 1918/19 gesammelten Erfahrungen.

Nicht zuletzt durch den mühsamen Prozeß der ,,Integration in die Gesellschaft" – Synonym für vielfältige Bewährungen in sehr unterschiedlichen Zivilberufen – vollzogen sich bei vielen ehemaligen Berufssoldaten unterschiedlichen Alters erstaunliche Bewußtseinsveränderungen, und sie beschritten den nicht einfachen Weg von einer gesellschaftlich lange unangefochtenen Sonderstellung – gipfelnd im Schlagwort „Staat im Staate" – dann aus dem gesellschaftlichen Abseits der ersten Nachkriegsjahre in die Normalität einer neuen politischen Ordnung in einer offenen Gesellschaft.

Woher rührte aber das „Ohne mich", „Nie wieder" vieler ehemaliger Soldaten, das nur langsam und zögernd zu einem „ja – aber" wurde, als seit Frühjahr 1950 die Frage eines Verteidigungsbeitrages der Bundesrepublik Deutschland auf die Tagesordnung kam? Es war für die Älteren namentlich das Bewußtsein zweier nicht nur militärischer Niederlagen, verbunden mit dem zwiespältigen Gefühl, jedenfalls im Zweiten Weltkrieg mißbraucht worden zu sein, einer schlechten Sache, ja einem verbrecherischen System gedient und dem Mißbrauch nicht widerstanden zu haben. In dieser schwierigen psychologischen Gemengelage sind dann die Wurzeln der nicht zur Ruhe kommenden Traditions-Diskussion zu suchen, die letztlich um die Aporie kreist, ob man in einem zutiefst unsittlichen und verbrecherischen Regime, dem man keinen Widerstand leistete, sondern, nicht selten mit einem Fluch auf den Lippen, seine „verdammte Pflicht und Schuldigkeit" tat, persönlich ehrenhaft kämpfen kann.

Hinzu kam die erhebliche soziale und wirtschaftliche Deklassierung dieses schon durch den gesellschaftlichen Wandel der Jahre nach 1933 längst nicht mehr homogenen Personenkreises. Im allgemeinen Elend der Flüchtlinge, Heimatvertriebenen und aller anderen Kriegsgeschädigten und -opfer blieben sie länger auf die unterste Stufe der gesellschaftlichen Skala verwiesen. Längst nicht allen glückte der Aufstieg, auch wenn es erstaunliche und überraschende Beispiele beruflicher Bewährung aus dem Nichts trotz vieler Hemmnisse gab. Der Bundeskanzler Adenauer hat dies bei seiner Ansprache in Andernach am 20. Januar 1956 ausdrücklich mit den Worten gewürdigt, die in zehnjähriger ziviler Berufstätigkeit – die Kriegsgefangenschaft als ergänzende Lebensschule erwähnte er nicht – gewonnenen Erkenntnisse und Erfahrungen seien für die Aufgaben der Offiziere und Unteroffiziere ein wertvolles Kapital, „wie es in diesem Umfange noch nie einer Armee zur Verfügung stand".

Als besonders kränkend empfanden viele Militärs die zahlreichen Kriegsverbrecher-Prozesse auf zweifelhafter Rechtsgrundlage, auch den „automatic arrest" in der amerikanischen Besatzungszone und das „screening" in britischem Gewahrsam. Namentlich die unterschiedlose Anklage von hochrangigen Soldaten, die sich nichts hatten zuschulden kommen lassen, gemeinsam mit Uniformträgern, die sich willig dem Nationalsozialismus unterworfen und an seinen Verbrechen Teil hatten – besonders anschaulich im Fall XII in Nürnberg, (OKW-Prozeß) – vertrug sich nach ihrer Auffassung nicht mit der erklärten Absicht der Sieger, gerade Recht und Gesetz wiederherzustellen. Die Selbstbesinnung und Neuorientierung dieses Personenkreises – ein schwieriger, umständlicher und auch schmerzlicher Prozeß – wurde nicht eben erleichtert durch die Geschwindigkeit des politischen Wandels. Von den anglo-amerikanischen Siegern schlecht, ja entwürdigend behandelt – von den Sowjets hatten sie nicht anderes, eher Schlimmeres, erwartet –, einschließlich seltsamer Versuche einer „Umerziehung", sahen sie sich auf einmal umworben als Bollwerk gegen den Bolschewismus – das ging vielen zu schnell.

Keine andere Berufsgruppe in der Bundesrepublik Deutschland wurde beim Neuanfang – Aufstellung der Bundeswehr ab Spätherbst 1955 – allgemein so beargwöhnt wie das Militär. Deswegen sind auch an keinen Zweig des öffentlichen Dienstes bei der

Wiederverwendung so hohe Anforderungen gestellt worden, wie an die Berufssoldaten. Richter, Lehrer an allen Schularten, an den Universitäten, Beamte aller Gliederungen der staatlichen und kommunalen Verwaltungen, Diplomaten: nie hatte sich ein ganzer Berufsstand so der grundsätzlichen – wenn auch nicht immer sachlichen – Prüfung und Kritik zu unterwerfen wie das Militär. Nach der dadurch ausgelösten Selbsterforschung, freilich auf unterschiedlichem Niveau, mancherlei zwangsweise gesammelter Lebenserfahrung gerade nach 1945 und vorsorglich auferlegter gesetzlich fixierter Kontrollmaßnahmen konnte das Personal dieses staatlichen Machtmittels von so außerordentlicher Bedeutung unbeschwerter einen Neuanfang versuchen als diejenigen Berufsgruppen, denen der schwierige Übergang aus der Despotie in die Demokratie leichter und vor allem unauffälliger geglückt war, nicht zuletzt, weil sie eher wieder benötigt wurden als die Soldaten.

Mit dem Aspekt der Bedrohung allein, so deutlich sie in der ersten Nachkriegsdekade durch spektakuläre politische Schritte der Sowjetunion empfunden wurde, etwa die Blockade der westlichen Sektoren von Berlin 1948/49, ließ sich ein westdeutscher Beitrag zu einer europäisch-atlantischen Verteidigungsallianz nicht rechtfertigen. Neben das ,,Wogegen" mußte im gleichen Rang ein ,,Wofür" treten; es galt, verteidigenswerte Werte zu schaffen und zu behaupten. Das bedeutete zunächst einmal die innere soziale Festigung der Bundesrepublik Deutschland, zunächst als Provisorium und durchaus künstliches Gebilde angesehen, in den Worten des Staatsrechtslehrers Ernst Forsthoff ,,nicht das Ergebnis einer politischen Entscheidung, sondern das Produkt einer Lage".

Am Anfang langsam Konturen und Eigenständigkeit gewinnender verantwortlicher westdeutscher Sicherheitspolitik, der Präambel des Grundgesetzes verpflichtet, stand nie der Revanche-Gedanke oder die Vorstellung von der gewaltsamen Korrektur der Ergebnisse des Zweiten Weltkrieges. Dafür wäre auch keiner der künftigen Bündnispartner zu gewinnen gewesen. Es ging bei der Außen- und Sicherheitspolitik ab 1949 um Kriegsverhinderung, die glaubhafte Verdeutlichung, daß man sich fremdem Willen und totalitärer Drohung nicht unterwerfen würde. In Abwandlung eines seit Ende der 60er Jahre gedankenlos zitierten Schlagwortes hieß das genau, nicht der Frieden, sondern die Bewahrung des Friedens ist der Ernstfall. Das bedeutete in der Konsequenz, eine Armee aufzubauen, die kämpfen können mußte, um nicht kämpfen zu müssen. Aus dieser politischen Paradoxie rührten mancherlei nicht nur mentale Schwierigkeiten der frühen Bundeswehr-Jahre her, denn nicht alle, die am Aufbau der Streitkräfte mitwirkten, vermochten die neuartige Dimension dieses Auftrages sogleich zu erkennen. Überdies belastete in dieser Phase des Weges zu einer Armee von morgen manche Fachleute von gestern der Gedanke an die Konsequenzen der damals gültigen atomaren Doktrin der ,,massive retalitation", käme diese eminent politische Waffe je zum Einsatz. Denn in diesen Jahren war, mit den Worten Winston Churchills ,,by a process of sublime irony ... safety ... the sturdy child of terror, and survival the twin brother of annihialtion" – eine mehr als belastende Feststellung beim Blick auf die Karte Europas.

Als sich die ersten grundlegenden Einsichten einer westorientierten deutschen Sicherheitspolitik formten, hatten diese Vorstellungen keine faktische Basis, das heißt, Militär, oder militärähnliche Formationen existierten bis zur Aufnahme der Bundesrepublik Deutschland in die westliche Verteidigungsallianz nicht. Die Aufstellung der Bundeswehr ab Spätherbst 1955 vollzog sich tatsächlich aus dem Nichts, und unter erheblichen organisatorischen Schwierigkeiten, ganz anders als die Enttarnung einer „Nationalen Volksarmee" der DDR Anfang 1956 aus der „Kasernierten Volkspolizei" und deren Vorläufern seit 1947/48 auf dem Boden der Sowjetischen Besatzungszone. Bei näherer Betrachtung, auch wenn mehr oder weniger dichte personelle Kontinuitäten nicht zu übersehen sind, können weder der Bundesgrenzschutz, erst recht nicht die bei den drei westlichen Besatzungsmächten Hilfsdienste verrichtenden Dienstgruppen ganz unterschiedlicher Struktur, in denen neben Deutschen auch sehr viele Displaced Persons verschiedenster Nationalitäten verwendet worden sind, als Vorläufer oder insgesamt personelles Reservoir der Bundeswehr angesehen werden, geschweige denn so ein Mythos wie „Churchills geheime Armee" hier 1945/46 in Nordwestdeutschland, nichts anderes als die pragmatische Lösung des Kriegsgefangenen- und Demobilisierungsproblems für einen begrenzten Zeitraum.

Die Aufstellung des Anteils der Bundesrepublik Deutschland zur Verteidigung Westeuropas war ohne einen gehörigen festgefügten außen- und innenpolitischen Rahmen nicht denkbar. Bis dieser doppelte Rahmen zusammengefügt war, mußte eine mühsamer Weg voller Hindernisse zurückgelegt werden, beginnend mit den „Petersberg-Gesprächen" alliierter und deutscher Experten ab Januar 1951 (auf deutscher Seite neben dem Bundestagsabgeordneten Theodor Blank die ehemaligen Generale Heusinger und Dr. Speidel und der Oberst a.D. Graf Kielmansegg). Sie gingen über in die Erörterung des sogenannten Pleven-Plans in Paris, und führten hin zum Vertrag über die Europäische Verteidigungsgemeinschaft. Nach deren Scheitern im Herbst 1954 erlangte die Bundesrepublik Deutschland mit der Aufnahme in die NATO im Frühjahr 1955 ihre Souveränität.

Erst danach konnte im Deutschen Bundestag ein Gesetzgebungswerk zustande kommen, das den innenpolitischen Rahmen für die künftigen Streitkräfte schuf. Im Ergebnis dieser beeindruckenden parlamentarischen Leistung in den Jahren 1955/56 konnte die Personalauswahl besonders sorgfältig gehandhabt werden (z.B. Gesetz über den Personalgutachterausschuß für die Streitkräfte, 23. Juli 1955), gerade auch für einen quantitativ unerheblichen, politisch aber durchaus ins Gewicht fallenden Personenkreis, die Bewerber aus der ehemaligen Waffen-SS. Dem Verteidigungsausschuß wurden die Rechte eines Untersuchungsausschusses zugestanden (19. März 1956); das Amt des Wehrbeauftragten des Deutschen Bundestages wurde eingerichtet (26. Juni 1957), die Bundeswehrverwaltung mit eigenständigem Charakter ausgestaltet.

Als bedeutendes Charakteristikum der Vor- und dann der frühen Geschichte der Bundeswehr ist anzusehen, daß nicht nur der Prozeß der Gesetzgebung, sondern gerade auch die vorherige Debatte über das Ob und das Wie eines Verteidigungsbeitrages der Bundesrepublik Deutschland sich in einer breiten, leidenschaftlichen, scharfen öffentlichen Auseinandersetzung vollzog, ganz anders als in der sowjetischen Besatzungszone und erst recht in der daraus entstehenden DDR, wo vollendete Tatsachen geschaffen worden sind, ohne daß nach einem gesellschaftlichen Konsens gesucht wurde. Im erbitterten Austausch der Argumente in Westdeutschland sind zwar längst nicht alle Vorbehalte gegen den deutschen Beitrag zum atlantischen Bündnis ausgeräumt worden, aber es gelang immerhin eine weitgehende Klärung der Standpunkte, die eine Übereinstimmung im Grundsatz ermöglichte. An dieser Auseinandersetzung waren alle Parteien, gesellschaftliche Organisationen und Gruppierungen beteiligt, ebenso die Kirchen, Gewerkschaften und alle möglichen Verbände und Vereinigungen. Letztlich mußte aber jeder Einzelne in dieser Frage seinen Standpunkt suchen, meist vor dem Hintergrund sehr persönlicher Erfahrungen in der Kriegszeit und dann in der ersten Nachkriegsdekade. So führte der Weg vom „Ohne mich" und „Nie wieder" langsam zu einem zögernden „Ja – aber", einer wichtigen Vorstufe zu der nicht allein politisch motivierten Entscheidung.

Es ist das nicht zu bestreitende Verdienst der zunächst wenigen ehemaligen Berufssoldaten, die sich seit der Jahreswende 1950/51 – lange ins Ungewisse hinein handelnd – in der „Dienststelle Blank" der Planungsaufgabe für einen westdeutschen Verteidigungsbeitrag widmeten, a priori, manche auch zögernd und nicht ohne Vorbehalte, akzeptiert zu haben

– den Primat der Politik. gelegentlich bis hin zur Selbstäußerung, sowie

– die Tatsache, daß es ein grundsätzlicher militärischer Neuanfang sein würde.

Schon der nur wenige Wochen amtierende erste Berater des Bundeskanzlers in Sicherheitsfragen, General der Panzertruppe a.D. Gerhard Graf Schwerin, hatte Adenauer unmißverständlich erklärt, daß dieses politisch sehr heikle Problem nicht ohne und schon gar nicht gegen die Opposition gelöst werden könne. Deswegen ist von Anfang an bis zu seinem frühen Tod (20. August 1952) Kurt Schumacher, der Führer der stärksten Oppositionspartei über die Entwicklungen dieser Frage kontinuierlich unterrichtet worden, sowohl von Mitarbeitern des Grafen Schwerin, als dann von den Generalen Heusinger und Speidel, natürlich mit Wissen des Bundeskanzlers.

Die Suche nach einem möglichst breiten Konsens trotz aller vorhersehbaren (und unerwarteten) Schwierigkeiten war letzten Endes auch der Beweggrund Adenauers, diese Aufgabe dem Abgeordneten der CDU/CSU-Bundestagsfraktion Theodor Blank unter seiner, des Bundeskanzlers, Verantwortung anzuvertrauen. Blank, von einfachem Herkommen, ebenso tatkräftig wie selbstbewußt und politisch begabt, hatte sich ohne nennenswerte staatliche Förderung aus eigener Leistung herangebildet und es im Kriege zum Reserveoffizier gebracht. Als christlich geprägter Gewerkschafter verfügte er über gute Kontakte namentlich zur SPD-Spitze, mindestens eine atmosphärische Erleichterung in den schwierigen Planungsjahren. Mit dieser personellen Konstellation fiel es den Soldaten durchaus leicht, den Primat der Politik zu akzeptieren, ohne sich unterwerfen zu müssen – was schließlich auch dem Leitbild des „Staatsbürgers in Uniform" entsprach.

Integraler Teil der Anfänge westdeutscher Sicherheitspolitik ist die Konzeption Innere Führung, die Antwort von seiten des Militärs auf die im Grundgesetz formulierte Werteordnung.

Sie war für Graf Baudissin, mit dessen Namen die Konzeption stets verbunden bleiben wird, ohne Wenn und Aber die Richtschnur. Er war in der Dienststelle Blank ohne Zweifel der ideenreiche Vorreiter, das Gros folgte ihm nur langsam und nicht ohne Skepsis. Auch klafften dann in der Verwirklichung ab 1955/56 trotz erheblicher Anstrengungen im mit mancherlei Mängeln behafteten Truppenalltag Ideal und Realität zunächst noch deutlich auseinander. Hemmungen traten auch angesichts eines anhaltenden Akzeptanzproblems ein, das freilich die im Aufbau befindlichen Streitkräfte auch zu fortdauernder Prüfung des eigenen Standorts anhielt. Auch Rückschläge, Versäumnisse und Fehlverhalten Einzelner vermochten den Weg der Bewährung der Inneren Führung nicht aufzuhalten; es gab auch keine entscheidenden Abstriche an der ursprünglichen Vorstellung von Innerer Führung.

Baudissin strebte an eine der Zeit gemäße moderne Menschenführung, eng verbunden mit der Motivation des Gemeinwesens zur Verteidigung überhaupt. Dies war somit keine Angelegenheit des Staatswesens, sondern eine Aufgabe, ein Auftrag an alle Staatsbürger. Die bewaffnete Macht, so setzte sich Baudissins Gedankengang fort, mußte fest in die noch in der ersten Bewährung befindliche freiheitlich-demokratische Grundordnung eingebunden werden, von der sie die kräftigenden Impulse bezog. Mit dieser bindenden Verpflichtung erhielt der Soldat, egal ob Wehrpflichtiger oder Berufssoldat, die Statur des selbstbewußten ,,Staatsbürgers in Uniform", dessen verfassungsmäßigen Grundrechte deswegen nur so weit eingeschränkt werden dürfen, als es der militärische Auftrag erfordert, der wiederum nur im gesetzlich geregelten Rahmen denkbar ist.

Nichts anderes steht in der lange – jedenfalls für die Dauer der Ost-West-Konfrontation – gültigen Definition der Konzeption aus den Jahren 1960/61:

,,Die Innere Führung ist die Aufgabe aller militärischen Vorgesetzten, Staatsbürger zu Soldaten zu erziehen, die bereit und willens sind, Recht und Freiheit des deutschen Volkes und seiner Verbündeten im Kampf mit der Waffe oder in der geistigen Auseinandersetzung zu verteidigen. Hierbei geht sie von den politischen und gesellschaftlichen Gegebenheiten aus, bekennt sich zu den Grundwerten unserer demokratischen Ordnung, übernimmt bewährte soldatische Tugenden und Erfahrungen in unsere heutigen Lebensformen und berücksichtigt die Folgen der Anwendung und Wirkung moderner technischer Mittel."

Als Schwachpunkt erwies sich hier lediglich, aber gravierend, die Formulierung, es gelte *Staatsbürger* zu Soldaten zu erziehen, denn das implizierte, daß bereits der Wehrpflichtige und der Anwärter auf die Laufbahn des Berufs- oder Zeitsoldaten als Staatsbürger einrückten – hier traten in den Jahren seit Aufbau der Bundeswehr aufgrund von bedauerlichen Versäumnissen in Elternhaus und Schule erhebliche Defizite auf, so daß den Streitkräften auch noch ein beachtenswerter Auftrag politischer Bildung zuwuchs.

Als Ergebnis der Anfänge westdeutscher Sicherheitspolitik ist festzuhalten, daß die Bundeswehr als zunehmend selbstbewußtes Instrument dieser Sicherheitspolitik alles unternommen hat, um nach außen im atlantischen Bündnis, gleichberechtigt mit allen Partnern, ehemals immerhin Feinden, glaubwürdig und vertrauenswürdig zu sein. In ihrer Wirkung nach innen, auf das politische und gesellschaftliche Spektrum der Bundesrepublik Deutschland hat sie das ihr ab ovo entgegengebrachte Mißtrauen durch loyales treues Dienen entkräftet. Der im Inland noch mehr als im Ausland beargwöhnte Aufbau von Streitkräften, zunächst als ,,notwendiges Übel" mit schlechtem Gewissen entschuldigt, hat sich im Rahmen des Aufbaus und der Bewährung der zweiten Deutschen Republik als geglücktes Experiment erwiesen, nach den vorhergehenden auch dunklen Kapiteln deutscher Militärgeschichte dieses Jahrhunderts ein Beleg, daß die Quadratur des Zirkels doch möglich ist. Das ist nicht zuletzt auch das Verdienst und die beachtenswerte Leistung der ,,Fachleute von gestern".

Die Anfänge westdeutscher Sicherheitspolitik standen unter einem ungünstigen Stern. Die unter Mühen zustande gekommenen Streitkräfte haben in den nun 40 Jahren ihres Bestehens – weitaus länger schon als ihre Vorgänger Reichswehr und Wehrmacht zusammen – ihren Auftrag der Friedenssicherung im Rahmen des atlantischen Bündnisses anerkennenswert erfüllt, trotz mancher Lasten der Vergangenheit.

Anmerkungen

Ergänzte und erweiterte Fassung eines Vortrags an der Marineschule Mürwik am Mittwoch, 17. Mai 1995 im Rahmen des wissenschaftlichen Symposiums „Ende und Anfang im Mai 1945".

Den vorstehenden Ausführungen liegen folgende Veröffentlichungen des Verfassers zugrunde:

Zur Situation der deutschen militärischen Führungsschicht im Vorfeld des westdeutschen Verteidigungsbeitrages 1945-1950/51, in: Anfänge westdeutscher Sicherheitspolitik, Band 1, hrsg. vom Militärgeschichtlichen Forschungsamt, München, Wien 1982

Die Entmilitarisierung in den westlichen Besatzungszonen und nach Gründung der Bundesrepublik Deutschland von 1945 bis 1950, in: 30 Jahre Bundeswehr 1955-1985. Friedenssicherung im Bündnis, Katalog zur Wanderausstellung des Militärgeschichtlichen Forschungsamtes, Mainz 1985

Soldaten ohne Armee. Berufssoldaten im Kampf um Standesehre und Versorgung, in: Von Stalingrad zur Währungsreform. Zur Sozialgeschichte des Umbruchs in Deutschland, hrsg. von Martin Broszat, Klaus-Dietmar Henke und Hans Woller, München 1988

Soldaten wie andere auch? Zur Einstellung ehemaliger Angehöriger der Waffen-SS in die Bundeswehr, in: Festgabe Heinz Hürten zum 60. Geburtstag, hrsg. von Harald Dickerhof, Frankfurt a.M. usw. 1988

Zur Inneren Entwicklung der Bundeswehr bis 1960/61. I. Ansätze zur Verwirklichung der Inneren Führung in den Aufbaujahren der Bundeswehr. II. Bemerkungen zur personellen Auswahl für die Streitkräfte und zum personellen Aufbau der Bundeswehr, in: Anfänge westdeutscher Sicherheitspolitik, Band 3, hrsg. vom Militärgeschichtlichen Forschungsamt, München, Wien 1993

Erik Norberg

Das Mare Balticum am Ende des Zweiten Weltkrieges

Die Seekämpfe in der Ostsee in der Endphase des zweiten Weltkrieges sind für die meisten von uns eine Frage der russischen U-Bootkriegführung und der Einsätze der deutschen Marine, um die Streitkräfte in Ostpreußen zu unterstützen und zu evakuieren. Es ist hier meine Absicht, die Aufmerksamkeit auf die umfassenderen Strategien, die Lage der kleineren Staaten und auf Schweden in der Seekriegsstrategie dieser Zeit zu richten. Von besonderem Interesse ist die Balance zwischen Westküste und Ostküste, Skagerrak und Ostsee.

Autoritäten auf dem Gebiet der Seekriegführung bei dieser Zeit sind u.a. Professor Jürgen Rowher und gerade zu dieser Frage Professor Michael Salewski. Ich möchte auch besonders die Forschungen erwähnen, die in den letzten Jahren vom schwedischen Fregattenkapitän Bertil Åhlund im Auftrag der Kungl. Örlogsmannasällskapet betrieben worden sind. Interessante Beiträge finden sich auch in jener Reihe von Bänden über den zweiten Weltkrieg, die unter der Redaktion von Oberst Bo Hugemark in den letzten Jahren von der Militärhochschule in Stockholm publiziert worden sind.

1. Norwegen

In der seit 1944 in der Ostsee herrschenden Lage war es für die nordischen Staaten wichtig, eine realistische Auffassung darüber zu haben, wie die Sowjetunion ihre eigenen strategischen Probleme betrachtete. Während des Besuchs einer norwegischen Handelsdelegation in Moskau im November 1944 erhielt der Außenminister der

Londoner Regierung, Trygve Lie, eine handgreifliche Lektion in dieser Frage. Eines Abends wurde er spät zu einem Treffen mit Außenminister Molotov gerufen. Dieser hatte eine große Karte auf dem Tisch ausgebreitet. Zuerst legte er seine Hand auf die Dardanellen und rief aus: „Hier sind wir eingeschlossen!" Dann führte er die Hand zum Sund zwischen Schweden und Dänemark und wiederholte den Satz. Dann legte er seine Hand auf Nordkalotten und erklärte, früher habe in dieser Region zwar eine Öffnung existiert, der Krieg habe aber gezeigt, daß auch diese Passage gesperrt werden könne. Schließlich versicherte er seinen Gästen, die Sowjetunion werde nicht zulassen, daß sich das in Zukunft wiederholen könne.

Für die nordischen Länder war es ziemlich klar, daß sie in einem Gebiet lagen, daß für die Sowjetunion von entscheidender Bedeutung war. Der Waffenstillstand zwischen der Sowjetunion und Finnland hatte für Norwegen eine neue Frage aktualisiert, die Befreiung von Nordnorwegen. Die norwegische Regierung hatte dieser Situation schon seit 1943 mit Unruhe entgegengesehen. Man hatte versucht, die anglo-amerikanischen Steitkräfte in die Operationen hineinzuziehen, und als das mißlang, wandte man sich an die Sowjetunion, um eine Abmachung zu erwirken, die eine norwegische Teilnahme garantierte.

Die sowjetische Antwort auf diesen Vorschlag war positiv, verzögerte sich aber bis zum Oktober 1944, bis zu eben dem Tag, an dem sowjetische Streitkräfte die norwegische Grenze überschritten. Die sowjetischen Verbände machten zwar 100 km diesseits der Grenze halt, aber der größere Teil von Finnland und Tromsö, ein Gebiet von der Größe Belgiens und Hollands, wurde militärisches Niemannsland.

2. Dänemark

Wenn die Ungewißheit über die Interessensphären der alliierten Staaten Unsicherheit in Norwegen verursacht hatte, so war das in noch höherem Maße der Fall in Dänemark. Die Beziehungen zwischen Dänemark und der Sowjetunion waren nicht unkontroversiell. Dänemark hatte die diplomatischen Beziehungen zur Sowjetunion nach der Operation Barbarossa im Juni 1941 abgebrochen und sich dem Antikominternpakt angeschlossen. Im Frühjahr 1945 war es klar, daß das Schicksal Dänemarks durch die Ereignisse in Norddeutschland entschieden werden würde. Diejenige der alliierten Mächte, die als erste Lübeck erreichte, würde auch Dänemark befreien. In einem Schreiben an Außenminister Eden betonte Churchill im April 1945, wie wichtig es sei, daß Lübeck von den Westmächten besetzt würde: „Denmark", fügte er hinzu, „is a country to be liberated and to have its sovereignty restored". Am 2. Mai wurde Lübeck von britischen Truppen eingenommen. Obwohl die Westmächte Jütland und die größeren dänischen Inseln befreiten, wurde ein Teil, nämlich Bornholm, in die sowjetische Okkupationszone einbezogen. Sowjetische Truppen besetzten die Insel am 9. Mai und blieben fast ein Jahr.

3. Schweden

Man konnte erwarten, daß Schwedens Politik während des Krieges, ebenso wie diejenige Dänemarks, Anlaß zu angestrengten Beziehungen zur Sowjetunion bieten würde. Während des Winterkrieges 1939-1940 hatte man zwar keine regulären Truppen nach Finnland geschickt, aber auf jede andere Weise das Nachbarland unterstützt. Während der Operation Barbarossa hatte man den Transit deutscher Truppen zugelassen. In Schweden existierte ein traditionelles Mißtrauen gegenüber der russischen Politik. Im April 1944, als die Sowjetunion hoch im Kurs stand und die kommunistische Partei in Schweden mit guten Konjunkturen rechnen konnte, wurde eine Meinungsumfrage veranstaltet. 45 % der Befragten meinten, die Sowjetunion werde sich nicht mit den Grenzen von 1941 begnügen, sondern habe die Absicht, sich größere Teile Europas zu unterwerfen. Nur 25 % waren gegenteiliger Ansicht. In einer entsprechenden Untersuchung im Juni 1945 meinte 45 % der Befragten, daß die Sowjetunion das Nachkriegseuropa dominieren werde. 19 % meinte USA.

Die Verhaltenweise der nordischen Staaten gegenüber der immer stärker dominierenden Sowjetunion war typisch für das Verhältnis kleiner Staaten zu Großmächten. Es bestand kaum Spielraum für eigene Initiativen, nur für eine vorsichtige und abwartende Haltung. Jeder Aktivität mußte eine vollständige Beurteilung der Risiken vorausgehen. Unter diesem Gesichtspunkt ist die Lage im Ostseegebiet in der Schlußphase des Krieges zu untersuchen.

4. Die strategische Lage in der Nordsee 1944

Der Verlust der U-Boot-Stützpunkte in Frankreich führte dazu, daß der U-Bootkrieg im Atlantik seit dem Sommer 1944 von Stützpunkten in Norwegen aus geführt werden mußte. Die strategische Verbindung zwischen der deutschen Seekriegsführung in der Nordsee und im Atlantik einerseits und in der Ostsee andererseits trat nun deutlicher in Erscheinung als zuvor. Die Verteidigung Norwegens und Dänemarks und der Seewege durch das Skagerrak und das Kattegat waren im letzten Kriegsjahr eine der Hauptaufgaben der deutschen Marine. Eine andere Aufgabe war die Verteidigung der baltischen und deutschen Ostseeküste und der Seewege durch die Ostsee.

Die Probleme, die Schweden hinsichtlich der Aufteilung der Seestreitkräfte zwischen Ostsee und Nordsee hatte, bestanden also in nicht geringerem Ausmaß auch für die deutsche Marine. Das führte auch zu einer gewissen Empfindlichkeit im Hinblick auf die Haltung Schwedens in der Endphase des Krieges. Die Befürchtungen wuchsen, daß Schweden in den Krieg eintreten könnte, und die Pläne für einen Krieg gegen Schweden wurden erneut geprüft. Es war nur logisch, daß die Initiative dazu von der deutschen Seekriegsleitung ausging. Eine der Fragen, die aktualisiert wurden, war, ob Schweden ausschließlich mit marinen Machtmitteln besiegt werden könne. Eine andere Frage war, ob das Land von der Ostsee her oder vom Öresund und vom Westen her angegriffen werden solle. Zur gleichen Zeit verstärkten sich die Bemühungen der Westmächte, Schweden zum Anschluß an die Alliierten zu bewegen, sei es durch den völligen Abbruch der Beziehungen zu Deutschland, sei es durch die Teilnahme am Kampf gegen deutsche Verbände in Dänemark und Norwegen.

In einem Gespräch zwischen Hitler und Dönitz am 25. Januar 1945 unterstrich dieser die Gefahr einer Invasion auf Jütland und Seeland, weshalb die Streitkräfte im Skagerrak und Kattegatt verstärkt werden müßten. Am 10. März wurde die Lage in Norwegen diskutiert. Der Befehlshaber der dortigen deutschen Truppen hatte begehrt, Nordnorwegen wegen Mangel an Nachschub und wegen der unsicheren strategischen Lage räumen zu dürfen. Dem widersetzten sich Hitler und Dönitz. Der U-Bootkrieg würde erschwert werden, und Schweden würde dadurch, daß die Verbindung zum Nordatlantik geöffnet werde, eine Möglichkeit erhalten, in den Krieg einzutreten.

5. Die Führung des Seekriegs in der Ostsee 1944

Durch die russische Winteroffensive 1944 wurde die Lage in der Ostsee unsicher. Im Februar hatte man innerhalb der obersten Kriegsleitung die Aufmerksamkeit auf die Ålandinseln gerichtet. Ende des Monats lag ein Plan für die Landungsoperation, „Operation Tanne", vor, aber die Teilstreitkräfte waren trotzdem nicht enthusiastisch. Dönitz vertrat bei einem Treffen im Führerhauptquartier den Standpunkt, die Verteidigung der Inseln sei vor allem eine Aufgabe des Heeres, während Generaloberst Jodl meinte, das sei eine Aufgabe für die Marine. Die Frage war zu diesem Zeitpunkt zu früh gestellt, aber mit dem sowjetischen Angriff auf die Karelische Landenge im Juni änderte sich die Lage. Viborg wurde erobert, und die finnische Armee befand sich auf dem Rückzug. Die Pläne für die Besetzung Ålands wurden aktualisiert, und am 20. Juni traf eine Operationsgruppe in den Schären vor Åbo ein. Man war auf eine schnelle Landung eingestellt und rechnete offenbar nicht mit stärkerem finnischen Widerstand.

Während die Landungstruppe von Åbo abwartete, lief die russische Offensive auf das Baltikum weiter. Als die Frage nach einem vollständigen deutschen Rückzug aufgeworfen wurde, äußerte Dönitz bei einem Treffen mit der Heeresleitung am 9. Juli, es müsse weiterhin alles getan werden, um die sowjetische Marine daran zu hinern, in die Ostsee hinauszugelangen. Die Streitkräfte müßten im Baltikum standhalten, sonst würden die Schiffahrt und die Nachschubtransporte unterbunden. Der Import von Eisenerz aus Schweden würde abgebrochen und das U-Bootprogramm aufs Spiel gesetzt.

Anfang August erreichten die sowjetischen Verbände die Ostsee an der Rigaer Bucht. Einen Monat später hörte der Krieg zwischen Finnland und der Sowjetunion auf, und die im Lande stehenden deutschen Truppen begannen die Räumung. Gleichzeitig war auch klar, daß die Motive für eine Operation gegen Åland nicht länger aktuell waren. Die Herrschaft der deutschen Marine in der Ostsee war jetzt abgebrochen. Höchste Priorität hatte die Verteidigung der baltischen Front, man mußte aber auch die Gefahr zunehmender Spannung zwischen Schweden und Deutschland berücksichtigen. In neuen Weisungen für die Seekriegführung in der östlichen Ostsee wurde besonders hervorgehoben, daß „mit Rücksicht auf die gespannten politischen Beziehungen zu Schweden jede Kränkung von schwedischem Territorium vermieden werden muß. Der Seekrieg darf unter keinen Umständen so geführt werden, daß Schweden ein Vorwand geliefert wird, auf die feindliche Seite überzulaufen". Im Oktober 1944 wurde der Kurland-Kessel gebildet, und im folgenden Monat nahmen die sowjetischen Truppen Ösel und Dagö ein. Während einer Konferenz bei Hitler am 1.-3. Januar 1945 gab Dönitz eine zusammenfassende Übersicht über die Lage. Es war weiterhin von größter Bedeutung für die Verteidigung Norwegens, die Evakuierung der Heeresgruppe Nord und die Unterstützung des Heeres an der Ostseeküste, daß die Seewege offengehalten würden.

6. Der Seekrieg gegen Schweden

Auch wenn die deutsche Marine sich immer mehr auf die Küstenverteidigung in der südlichen und östlichen Ostsee konzentrierte, kann es zur Erhellung der strategischen Lage doch von Wert sein, die Perspektive zu erweitern. Ein interessanter Bereich ist das Verhältnis zu Schweden.

Im späten Frühjahr und Sommer 1944 notierte das Auswärtige Amt, daß in der schwedischen Presse und im Reichstag eine Diskussion über die Ålandfrage geführt wurde. Es war klar, daß eine deutsche Intervention auf Åland als eine unfreundliche Handlung betrachtet werden würde, aber zugleich herrschte große Unsicherheit über künftige sowjetische Absichten. Auf diesem Hintergrund teilte die Seekriegsleitung dem Marineoberkommando Ostsee im Juli mit, es sei nicht auszuschließen, daß das schwedische Militär ein Eingreifen auf Åland vorbereitete. Man wollte deshalb eine Vermehrung der für die Operation Tanne, die deutsche Landung auf den Ålandinseln, vorgesehenen Streitkräfte in Erwägung ziehen.

Angesichts der, wie es hieß, sich verhärtenden schwedischen Einstellung zu Deutschland sowie der Entwicklung in Skandinavien nach Finnlands Ausscheiden aus dem Krieg ließ die Seekriegsleitung Vorschläge zur Vorbereitung eines Kriegs gegen Schweden ausarbeiten. Ende Oktober betrachtete man diese Frage als „brennend". Ein Plan wurde in kurzer Zeit von Konteradmiral Wagner ausgearbeitet. Wagners Schlußfolgerung war, daß Deutschland zu einem Krieg gegen Schweden bereit sein müsse. Es solle sich hauptsächlich um eine strategisch defensive Aktion gegen eine befürchtete schwedische Aggression handeln. Der wirkungsvollste Gegenzug sollte nach Wagner ein Angriff auf das südliche Schweden sein, aber dazu fehlten die Ressourcen. Wenn Schweden sich zum Eintritt in den Krieg entschlösse, würde es sich, so Wagner, nicht mit einer defensiven Haltung begnügen. Ein Angriff auf Oslo, Bergen und Drontheim läge nahe. Das Ziel dieser Operationen wäre nicht nur, die deutschen Truppen zu vertreiben, sondern auch eine Verbindung zu den Westmächten zu öffnen.

Der Schwerpunkt der Seekriegführung würde nach Wagner im Skagerrak liegen. Für Deutschland würde es eine wichtige Aufgabe sein, die Routen zwischen der Ostsee und dem Kattegatt zu sperren und die Schiffahrt nach Norwegen zu schützen. In der Ostsee müsse man auf schwedische Angriffe auf Seetransporte gefaßt sein. Mit Angriffen auf deutsches Territorium brauche man nicht zu rechnen, anders sähe es allerdings aus mit den Inseln nahe der schwedischen Küste wie Bornholm, Anholt und Læsö. Man könne auch einen Angriff über den Öresund auf Seeland und Kopenhagen nicht ausschließen.

Man müsse alle notwenigen Maßnahmen ergreifen, um die Überführung der schwedischen Seestreitkräfte aus der Ostsee an die Westküste zu verhindern, weshalb der Falsterbokanal unbefahrbar gemacht werden müsse. Die Verteidigung Bornholms müsse verstärkt werden.

Die von Wagner ausgearbeiteten Pläne stimmten weitgehend überein mit einer Planung, die im Mai 1943 diskutiert worden war.

Die Seekriegsleitung war sich aber auch dessen bewußt, daß Deutschland selbst für diese begrenzten Aufgaben die erforderlichen Ressourcen fehlten. Man bemühte sich darum, militärisch und politisch alles zu vermeiden, was Schweden auf Seiten der Alliierten in den Krieg hineinziehen konnte.

Am 1. November 1944 wurden die Pläne dem Marineoberkommando Ostsee, das zu dieser Zeit von Admiral Kummertz geleitet wurde, übergeben. Fünf Tage später gab dieser seine Stellungnahme ab. Kummertz hielt es für ziemlich sicher, daß Schweden in den Krieg eintreten würde, entweder unter dem Druck der Westmächte oder aus eigenem Willen, nachdem man davon überzeugt war, daß die Alliierten den Krieg gewinnen würden.

Ein Krieg gegen Schweden würde aber auch die deutsche Wehrmacht vor bedeutende Aufgaben stellen. Die Vorbereitungen würden, meinte Kummertz, Zeit brauchen. Zu diesem Zeitpunkt war seiner Meinung nach die sowjetische Flotte der deutschen in der Ostsee überlegen. Es sei in höchstem Maße möglich, daß die sowjetische Flotte Zugang zu Stützpunkten in Schweden erhielte und daß die schwedische Flotte die sowjetische bei ihren Operationen innerhalb und außerhalb des Finnischen Meerbusens unterstützen würde. Kummertz hob auch die Schwierigkeiten hervor, an die schwedische Flotte und die Schiffahrt in den Schären heranzukommen. Vor einem Angriff seien umfassende Rekognoszierungen erforderlich. Ein Durchbruch bei Åland würde sehr große Ressourcen erfordern und auch für U-Boote eine riskable Passage bedeuten. Deutschland müsse die Aufsplitterung seiner Ressourcen vermeiden, und deshalb, meinte Kummertz, müsse die Führung des Seekriegs im Bottnischen Meerbusen der Luftwaffe überlassen werden.

Ende November legte die Seekriegsleitung dem OKW die Planungen vor. Man begehrte offiziell die Stellungnahme der obersten Kriegsleitung. Die Seekriegsleitung erklärte einleitend, man sei von einer strategisch offensiven Kriegführung gegen Schweden ausgegangen, d.h. daß Deutschland unter Einsatz von Streitkräften aller Waffengattungen wenigstens die für die deutsche Kriegführung gefährlichsten Teile Südschwedens besetzen sollte. Da dies infolge der Ereignisse nicht länger möglich erscheine, habe die Seekriegsleitung die Möglichkeiten einer strategisch defensiven Lösung untersuchen lassen. Man drückte den Wunsch aus, daß allen Teilen der Wehrmacht Anweisungen für die weitere Kriegführung erteilt würden.

Das Schreiben wurde zur Kenntnisnahme auch an das Oberkommando der Luftwaffe und den Generalstab des Heeres geschickt. Um die Unterlage noch zu erweitern, schickte die Seekriegsleitung an demselben Tag ein neues Schreiben in dieser Angelegenheit an MOK Norwegen und MOK Ostsee.

Erst am 9. Februar 1945 gaben das OKW und sein Chef, Generaloberst Jodl, eine Stellungnahme ab. Seiner Meinung nach war ein schwedischer Kriegseintritt unwahrscheinlich. Falls es dazu käme, würde es nur im Anschluß an eine groß angelegte alliierte Operation im Norden geschehen, und zum gegenwärtigen Zeitpunkt gäbe es keine Anzeichen für eine solche Operation. Der Führer wünsche nicht, wie es hieß, daß Anweisungen an die Wehrmacht für einen Kriegsfall Schweden ausgefertigt würden. Stabsmäßige Vorbereitungen könnten allerdings in den verschiedenen Stäben weitergehen, und diese wurden angewiesen, das OKW über den Fortgang der Arbeit auf dem Laufenden zu halten.

Drei Tage später berichtete die Seekriegsleitung an das OKW, wie die Vorbereitungen weitergingen. Unter anderem hatte es sich gezeigt, daß Kleinkampfkriegsmittel wie Minen und kleinere Schiffe große Bedeutung erhalten konnten, wenn es darum ging, die Seestreitkräfte an der schwedischen Westküste zu blockieren. Welche Bedeutung sie an der Ostseeküste haben konnten, hatte man noch nicht untersucht. Vor dem Hintergrund der allgemeinen Lage im Herbst und Winter 1944-1945 zeigte die deutsche Seekriegsleitung bedeutende Initiativkraft und Optimismus. Man vermochte aber weder das OKW und Hitler noch die Vertreter des Heeres und der Luftwaffe dazu zu bringen, in eine koordinierte Planung für einen Krieg gegen Schweden einzutreten. Bei verschiedenen Gelegenheiten wurde von seiten des OKW die Ansicht geäußert, Schweden werde sich wahrscheinlich um die Wahrung seiner Neutralität bemühen.

7. Die Westmächte und Schweden

Im September 1944 begann man in England zu analysieren, welche Vorteile man erzielen könne, wenn man Schweden zur Aufgabe seiner Neutralität und zum Anschluß an die Westmächte zwänge. Ende November legte der Joint Planning Staff der Alliierten ein Gutachten vor, in dem der Wert Schwedens als Alliierter unter militärischen Gesichtspunkten beurteilt wurde. Die schwedische Armee, meinte man, sei in der Lage, Verteidigungskämpfe geschickt und entschlossen durchzuführen, bilde für offensive Operationen aber keine entscheidende Verstärkung.

Bei einem Besuch im Foreign Office erklärte Kabinettssekretär Erik Boheman im Dezember, Schweden werde in Norwegen erst eingreifen, wenn die norwegische Regierung dieses verlangte. Eine andere Voraussetzung war, daß die Alliierten Streitkräfte nach Norwegen schickten und die Seewege über die Nordsee offen hielten. Obwohl Churchill zu dieser Zeit der Hoffnung Ausdruck gab, daß Schweden in den Krieg eintreten werde, bevor er beendet sei, meinte General Eisenhower, man solle nichts unternehmen, was die Ressourcen in der Schlußphase ausplittern könne. Von Seiten der Alliierten war keine Unterstützung für einen schwedischen Einsatz in Norwegen zu erwarten.

In einem weiteren Bericht des Joint Planning Staff wurden Vorschläge der britischen Marine- und Luftwaffenchefs behandelt. Sie hatten den Wunsch vorgetragen, man solle die Sowjetunion veranlassen, auf Schweden wegen eines Eintritts in den Krieg Druck auszuüben. Aus politischen Gründen wurde dieser Vorschlag abgewiesen. Man wollte keine Maßnahmen ergreifen, die die Stellung der Sowjetunion in Skandinavien stärken konnten, und man hatte vermutlich auch mit dem traditionellen schwedischen Mißtrauen gegen den Nachbarn im Osten gerechnet.

Die letzten britischen Vorstöße wegen eines Anschlusses Schwedens an die Westmächte betrafen den Zugang der Alliierten zu Stützpunkten in Schweden. Man rechnete damit, von ihnen aus die deutsche Schiffahrt im Kattegatt und Skagerrak sowie die Stützpunkte und Operationsgebiete der U-Boote in der Ostsee anzugreifen. Am 9. April 1945 erklären die Joint Chiefs of Staff in einem Telegramm an Eisenhower, wenn die deutschen Truppen ihren Widerstand in Norwegen fortsetzten, sei es notwendig, Zutritt zu schwedischen Stützpunkten zu erhalten und mit schwedischen Streitkräften zusammenzuwirken. Eisenhower wurde instruiert, militärische Operationen in Norwegen im Zusammenwirken mit schwedischen Truppen zu planen. Offensichtlich legten die Briten jetzt erheblich größeren Wert auf einen Eintritt Schwedens in den Krieg als die Amerikaner.

In einer Instruktion für Eden betonte Churchill ungefähr zur gleichen Zeit, wenige Dinge seien jetzt wichtiger als Schweden zum Eintritt in den Krieg zu veranlassen. Gleichzeitig wurde die schwedische Regierung von dem Gedanken beunruhigt, die norwegische Regierung könne sich an die Sowjetunion mit einem Ersuchen um Hilfe gewandt haben für den Fall, daß solche Hilfe von Schweden nicht gestellt werde. Diese Befürchtungen wurden vom britischen Gesandten in Stockholm an Churchill übermittelt. Auf diesem Hintergrund begehrten die Alliierten am 30. April Beratungen auf Stabsebene mit der britischen Militärführung über gemeinsame Einsätze in Norwegen. Kurz danach gab die schwedische Regierung ihre Zustimmung, aber die dramatischen Ereignisse der nächsten Tage machten weitere Verhandlungen überflüssig.

8. Schweden in der Schlußphase

Im Herbst 1944 übten die Westmächte starken Druck auf Schweden aus, um das Land zur Beendigung des Handels mit Deutschland zu bringen. Die schwedische Regierung nahm anfangs eine abwartende Haltung ein. Man wollte nicht den Abbruch des schwedisch-deutschen Handels riskieren oder den Verkehr nach Göteborg aufs Spiel setzen. Aber allmählich wurden die schwedischen Handelsschiffe aus den deutschen Häfen abgezogen, und Ende September wurde jegliche ausländische Schiffahrt entlang der schwedischen Ost- und Südküste verboten. Es wurde damit motiviert, daß russische U-Boote in diesem Gebiet vorkamen. „Schweden kann nicht seine Flotte mobilisieren, um deutsche Schiffe zu schützen", erklärte Ministerpräsident Hansson am 21. September.

Im November erklärte die deutsche Regierung die Gebiete im östlichen Teil des Bottnischen Meerbusens und in der Ostsee östlich des Leuchtturms Svenska Björn, entlang den Ostküsten von Gotland und Öland sowie von der Südspitze Ölands bis zur deutschen Küste zu deutschem Operationsgebiet, in dem ohne Warnung geschossen werden konnte. Um Zwischenfälle zu vermeiden, stellte die schwedische Flotte die Aufklärung östlich von Gotland ein. In der Nacht zum 24. November wurde das Passagierschiff Hansa zwischen Nynäshamn und Visby von einem sowjetischen U-Boot torpediert. Kurz darauf wurde ein weiteres schwedisches Schiff vor der Küste von Blekinge versenkt. Ab Januar wurden auch schwedische Schiffe in schwedischen Gewässern von Kriegsschiffen eskortiert. Gleichzeitig hörte in der Praxis jeglicher Handelsverkehr zwischen Deutschland und Schweden auf.

Die Lage in Dänemark und Norwegen beunruhigte selbstverständlich die schwedische Regierung. Unabhängig vom britischen Druck arbeitete man im Generalstab mit zwei offiziellen Szenarien. Wenn die deutschen Streitkräfte in den Nachbarländern den Kampf fortsetzten, würde ein schwedisches Eingreifen notwendig sein, um die deutschen Verbände zu entwaffnen und die Ordnung aufrechtzuerhalten. Wenn die deutschen Verbände die Waffen niederlegten, solle Schweden eingreifen, um bei der Kapitulation mitzuwirken und die militärischen Verbände, die sich internieren lassen wollten, in Gewahrsam zu nehmen. Psychologischer Druck wurde auch von den bedeutenden norwegischen und dänischen Verbänden ausgeübt, die in den letzten Jahren militärische Ausbildung im neutralen Schweden erhalten hatten. Pläne wurden ausgearbeitet für die beiden Aktionen „Rettet Norwegen" und „Rettet Dänemark". Insgesamt sollten weit mehr als 200.000 Mann bei einem Eingreifen in den Nachbarländern engagiert werden.

Es gab eine gewisse politische Bereitschaft. Die norwegische Regierung hatte schon im Februar angedeutet, daß ein Begehren um schwedisches Eingreifen kommen könne. Im April kamen offizielle Ersuchen sowohl von Norwegen wie auch von Dänemark. Der schwedische Generalstab engagierte sich stark bei den Vorbereitungen. Die Regierung zögerte, aber die Operationen waren hochaktuell am 30. April, als das Ersuchen der Westmächte zu Stabsgesprächen eintraf, und danach bis zum Kriegsende.

9. Zusammenfassung

Wie war also die seestrategische Lage im Ostseeraum im späten Frühjahr 1945? Hatte man sich in Schweden angesichts des bevorstehenden Kriegsendes zur Ruhe gesetzt?

War die deutsche Seekriegführung ausschließlich auf die Räumung Ostpreußens ausgerichtet? Um die Lage unter diesem marinen Blickwinkel in den Griff zu bekommen, will ich abschließend versuchen, drei Beziehungskomplexe zusammenzufassen: das Verhältnis zwischen Schweden und Deutschland, zwischen Schweden und den Westmächten und zwischen Schweden und der Sowjetunion.

9.1 Schweden-Deutschland

Der Verlust der U-Bootstützpunkte in Frankreich hatte die strategische Verbindung zwischen der deutschen Seekriegführung in der Nordsee und in der Ostsee gestärkt. Die Verteidigung der Seewege durch das Skagerrak und Kattegatt wurde eine der Hauptaufgaben der deutschen Marine.

Deswegen schenkte man auch der Haltung Schwedens in der Schlußphase des Krieges erhöhte Aufmerksamkeit. Die Befürchtungen wuchsen, daß Schweden in den Krieg eintreten würde, und die Pläne für einen Krieg gegen Schweden wurden erneut überprüft. Gleichzeitig unternahmen die Westmächte erhöhte Anstrengungen, Schweden zum Anschluß auf Seiten der Alliierten zu bewegen, entweder durch den völligen Abbruch der Beziehungen zu Deutschland oder durch die Teilnahme am Kampf gegen die deutschen Truppen in Dänemark und Norwegen. Die Unruhe galt mithin nicht einem isolierten schwedischen Angriff, sondern einer Zusammenarbeit zwischen schwedischen und alliierten Streitkräften.

Eine Frage war es, ob das Land von der Ostsee her oder von Westen her angegriffen werden sollte. Schwedischerseits ist das von großem Interesse, da das Bild der schwedischen Seestrategie stark von der Konzentration auf die Ostsee währen der Nachkriegszeit geprägt worden ist.

Der von Admiral Wagner ausgearbeitete Plan ging davon aus, daß Schweden sich nicht mit einer defensiven Haltung begnügen würde, wenn das Land in den Krieg einträte. Ein Ziel für schwedische Operationen in Norwegen würde es nicht nur sein, die deutschen Truppen zu vertreiben, sondern auch eine Verbindung zu den Westmächten herzustellen. Der Schwerpunkt der Seekriegführung werde nach Wagner im Skagerrak liegen. Die Verteidigung der Seewege nach Norwegen und in die Ostsee spielte eine zentrale Rolle. Für die deutsche Flotte würde folglich die wichtigste Aufgabe in einem Krieg gegen Schweden sein, die schwedische Flotte zu vernichten und das Land von den Seeverbindungen zu den Westmächten abzuschneiden. Es kam darauf an, die Stellungen in Norwegen und Dänemark zu sichern und zu verhindern, daß die Alliierten Stützpunkte in Schweden für einen Angriff auf Deutschland ausnutzten.

Wir können also feststellen, daß die schwedische Westküste in der deutschen Kriegsplanung ein Zielgebiet bildete.

9.2 Schweden – die Westmächte

Wie verhielt sich nun die deutsche Strategie zu derjenigen der westlichen Alliierten? Im Dezember 1944 hatte Kabinettssekretär Erik Boheman gegenüber der britischen Regierung erklärt, Schweden beabsichtige erst dann in Norwegen einzugreifen, wenn die norwegische Regierung dies begehre; eine Voraussetzung sei aber, daß die Alliierten Streitkräfte nach Norwegen schickten und die Seewege durch die Nordsee offenhielten. Um dieselbe Zeit gab Churchill der Hoffnung Ausdruck, daß Schweden in den Krieg eintreten werde.

Die britischen Bemühungen um einen Anschluß Schwedens an die Westmächte zielte darauf ab, den Alliierten Zutritt zu Stützpunkten in Schweden zu verschaffen. Von dort würde man die deutsche Schiffahrt im Kattegatt und Skagerrak und in der Ostsee angreifen können. Im April 1945 hatten die Joint Chiefs of Staff den Standpunkt vertreten, wenn die deutschen Truppen weiter Widerstand in Norwegen leisteten, werde es notwendig sein, Zutritt zu schwedischen Stützpunkten zu erhalten und mit schwedischen Streitkräften zusammenzuarbeiten.

Es liegt auf der Hand, daß ein eventueller schwedischer Einsatz im Krieg vom Zusammenwirken mit den westlichen Alliierten abhängig war. Das bestätigt wiederum die Richtigkeit der deutschen Pläne, in denen große Anstrengungen vorgesehen waren, um die Seewege zwischen Norwegen und der Ostsee offenzuhalten.

9.3 Schweden – Sowjetunion

Die Chefs der britischen Marine und Luftwaffe hatten frühzeitig den Wunsch geäußert, man solle die Sowjetunion veranlassen, auf Schweden wegen eines Eintritts in den Krieg Druck auszuüben. Aus politischen Gründen wurde dieser Vorschlag zurückgewiesen. Man wollte nichts unternehmen, was die Stellung der Sowjetunion in Skandinavien stärken konnte.

Auch Admiral Kummertz richtete im Spätherbst 1944 die Aufmerksamkeit auf das Verhältnis zwischen Schweden und der Sowjetunion. Es war seiner Meinung nach in höchstem Maße möglich, daß die sowjetische Flotte Zugang zu Stützpunkten in Schweden erhalten und die schwedische Flotte die sowjetische bei Operationen innerhalb und außerhalb des Finnischen Meerbusens unterstützen werde. Seine Annahme war logisch, aber nicht in den Realitäten verankert.

Offensichtlich war die schwedische Regierung im späten Frühjahr 1945 durch den Gedanken beunruhigt, die norwegische Regierung könne sich an die Sowjetunion gewandt und um militärische Hilfe für den Fall ersucht haben, daß eine solche nicht von Schweden geleistet würde. Die Alliierten waren sich dessen auch bewußt, als sie am 30. April Überlegungen auf Stabsebene mit der schwedischen Militärführung über gemeinsame Einsätze in Norwegen begehrten.

Die schwedische Regierung hatte zuvor den Transport von norwegischen sog. Polizeitruppen von Schweden nach Nordnorwegen unterstützt, um das Niemandsland auszufüllen, das nach dem sowjetischen Einmarsch ins Land entstanden war. Man hatte die geplanten Einsätze in erster Linie als allgemein friedenserhaltend für den Kriegsfall betrachtet, oder wenn eine deutsche Kapitulation Unruhen auslösen würde. Die schnelle Veränderung der Machtbalance im Ostseegebiet im Frühjahr 1945 läßt es jedoch unwahrscheinlich wirken, daß das schwedische Militär wie auch die schwedische Regierung nicht auch die Gefahr eines weiteren sowjetischen Vormarsches im Nahbereich beachtet haben sollte.

Die sowjetische Wehrmacht hatte sich in kurzer Zeit nördlich, östlich und südlich von Schweden etabliert. Daß Dänemark und Norwegen unabhängig dastünden, war eine Voraussetzung dafür, daß die Ostsee nicht völlig von der sowjetischen Marine dominiert würde. Das Interesse an einer Zusammenarbeit mit den Streitkräften der westlichen Alliierten ist auf diesem Hintergrund zu sehen. Es liegt auf der Hand, daß man den Endkampf in der Ostsee 1945 nicht isoliert von der Lage in Norwegen und in der

Nordsee betrachten kann, und daß der 8. Mai auch ein Schritt in den kalten Krieg der Nachkriegszeit war.

Anmerkungen

1 Wilhelm M. Carlgren, Svensk utrikespolitik 1939-1945, Stockholm 1973.

2 Arvid Cronenberg, Säkerhetspolitik och krigsplanläggning, in: Neutralitet och Försvar, Stockholm 1986.

3 Stig Ekman, Beredskap och upprustning, in: Stormaktstryck och småstatspolitik, Stockholm 1986.

4 Carl-Axel Gemzell, Tysk militär planläggning under det andra världskriget: Fall Sverige, Skandia 1975.

5 Leif Leifland, They must get in before the end, in: Utrikespolitik och historia, 1987.

6 Michael Salewski, Die deutsche Seekriegsleitung 1939-1945, II, 1942-1945, Frankfurt a.M. 1975.

7 Bertil Åhlund, Svensk marin säkerhetspolitik 1939-1945.

40

Autorenverzeichnis:

Hansen, Reimer, Dr. phil., geb. 1937 in Heide (Holst.), 1964-1970 Wissenschaftlicher Assistent am Historischen Seminar der Universität Kiel, 1970-1980 o. Prof. für Geschichte an der Pädagogischen Hochschule Berlin, seit 1980 für Neuere Geschichte an der Freien Universität Berlin, seit 1994 Vorsitzender der Historischen Gesellschaft zu Berlin.

Meyer, Georg, Dr. phil., geb. 1937 in Halberstadt, Studium an der Martin-Luther-Universität Halle-Wittenberg, ab 1957 in Göttingen. Seit 1968 Mitarbeiter des Militärgeschichtlichen Forschungsamtes, Freiburg i. Br. und Potsdam.

Norberg, Erik, Dr. phil., geb. 1942 in Stockholm. Direktor des Königl. Kriegsarchivs 1982-1991, seit 1991 Reichsarchivar. Vizepräsident des Internationalen Archivrates, Vorsitzender der Schwedischen militärgeschichtlichen Kommission, Vizepräsident der Königl. Kriegswissenschaftlichen Akademie.

Ropers, Frank, geb. 1946 in Stade/Niedersachsen, kathol. Abitur 1966, dann Eintritt in die Bundeswehr (Marine, Crew IV/66) und Ausbildung zum Berufsoffizier. 1969 bis 1971 Wachoffizier auf Schnellbooten, dann Zugoffizier im Marineausbildungsbataillon 3 in Glückstadt. 1973 Kommandant Schnellboot OZELOT und 1975 Adjutant des Deutschen Militärischen Vertreters bei SHAPE (Belgien). Von 1977 bis 1978 Lehrgang Marineführungsdienst, dann Ortungs- und Schiffsoperationsoffizier Zerstörer LÜTJENS. 1980 Admiralstabslehrgang, ab 1982 Erster Offizier Zerstörer LÜTJENS, 1984/85 Referent im Planungsstab des Bundesministers der Verteidigung. 1986 Kommandant Zerstörer ROMMEL, 1988 Dozent für Seekriegführung und operative Planung an der Führungsakademie der Bundeswehr. Von 1990 bis 1992 Executive Officer beim Chef des Stabes SACEUR in SHAPE/Belgien. 1993 Lehrgang am Royal College of Defence Studies in London, 1994 zur besonderen Verfügung im Stab Marineamt, Abteilung Marineausbildung, seit 1994 Kommandeuer der Marineschule Mürwik.

Swatek, Dieter, Dr. rer. pol., geb. 1940 in Olmütz, CSSR, 1966-1971 Wissenschaftlicher Assistent Freie Universität Berlin; 1971 Referent, 1975 Referatsleiter im Bundesministerium für Bildung und Wissenschaft, Bonn, Arbeitsgebiete: Entwicklung der KapVO, Hochschulbaurahmenplanung, Hochschulökonomie, Hochschule und Wirtschaft, Informatik; 1989 Leiter der Allgemeinen Abteilung des Ministeriums für Bildung, Wissenschaft, Jugend und Kultur, Schleswig-Holstein, Kiel; seit 1993 Staatssekretär im Ministerium für Wissenschaft, Forschung und Kultur des Landes Schleswig-Holstein, Kiel.

Labskaus

700 g gepökelte Rinderbrust
300 g gepökeltes Schweinefleisch
2 Lorbeerblätter
1 Teelöffel Pfefferkörner
1 Teelöffel Senfkörner
1 gr. Zwiebel
1 Teelöffel Zucker
1 kg Kartoffeln
300 g Rote Beete
3 Gewürzgurken
2 Matjesfilets
20g Schmalz, Pfeffer

Rind und Schweinefleisch mit reichlich Brühe, den
Gewürzen und der Zwiebel zum Kochen bringen.
Bei mittlerer Hitze 1½ Stunden kochen lassen.
dann herausheben!
Die Kartoffeln in der Schale kochen, abpellen.
Fleisch, Kartoffeln, Rote Beete, Gurke, Matjes
und die in Schmalz kurz angedünsteten Zwiebeln
durch den Fleischwolf geben!
Die Masse mit Fleischbrühe vom Abkochen
mit etwas Rote Beete Saft und etwas Gurken
Saft gut durchrühren. Eventuell mit
Pfeffer nachwürzen.
Im Wasserbad erhitzen, nicht anbrennen lassen!
Zum Labskaus serviert man Spiegelei,
Rollmöpse und Gewürzgurken.